वेजिटेरियन कुक बुक

(VEGETARIAN COOK BOOK)

लेखिका:

तहलीना कौल

फ़्यूजन बुक्स

ISBN : 81-7182-130-8

प्रकाशक : **डायमंड पॉकेट बुक्स (प्रा.) लि.**
X-30, ओखला इंडस्ट्रियल एरिया, फेज-II
नई दिल्ली-110020

फोन : 011-41611861, 40712100

फैक्स : 011-41611866

ई-मेल : sales@dpb.in

वेबसाइट : www.dpb.in

संस्करण : **2014**

मुद्रक : जी.एस. इंटरप्राइजिज

VEGETARIAN COOK BOOK
by : Tahlina Kaul

विषय सूची

प्रस्तावना

हमारी भारतीय खाद्य प्रणाली पर हमारी सदियों पुरानी मान्यताओं और धारणाओं का प्रभाव स्पष्टतया देखने में आता है। भारत में पुरातन समय से यही मान्यता रही है कि पशुओं की पूजा की जानी चाहिए न कि उनका वध किया जाये। हम भारतीयों ने जो अपने अन्त मन में धारणा को माना वही आज यूरोप और अन्य पश्चिमी देशों मे भी उसे जीवन-शैली के रूप में स्वीकारा और माना गया है। पश्चिम में यह परिवर्तन उनकी खान-पान प्रणाली का एक अनिवार्य गुण बन गया है। यही कारण है कि भारतीय भोजन पूरे विश्व में प्रसिद्धि पा चुका है।

अनुसंधान से भी अव यह निश्चित रूप से सिद्ध हो चुका है कि शाकाहारी भोजन ही अधिक स्वास्थ्यप्रद है। केवल इतना ही नही कि ऐसी धारणा केवल धार्मिक मान्यताओं से ही जन्मी है, अपितु इसके स्वास्थ्य संबंधी कारण भी है, जिस कारण संसार के लाखों लोगों में मांसाहारी भोजन बड़ी तेज गति से एक प्रकार से प्रतिबंधित श्रेणी में आ गया है। संसार भर के चिकित्सकों की भी यह मान्यता है और वे भी इस तथ्य के स्वीकारते हैं कि शाकाहरी भोजन के केवल जीवन उद्धारक है अपितु इससे बेहतर और स्वास्थ्य का निर्माण भी होता है। इसके अतिरिक्त शाकाहारी भोजन में उन सभी आवश्यक तत्वों की प्राप्ति होती है जो कि एक सतुंलित आहार के लिए आवश्यक है।

इस पुस्तक द्वारा इस भ्रामक धारणा का निराकरण करने का प्रयत्न किया गया है कि भोजन तैयार करना एक दुरूह और पेचीदा प्रक्रिया है और यही कारण है कि जो पाक विधियां बताई गई है वे सभी अधिकारिक और नवीन विधियाँ हैं जिनके प्रयोग से बड़ी सुविधा और सरल ढंग से भोजन तैयार किया जा सकता है। वास्तव में यह पुस्तक भोजन सम्बन्धी नई खोजों और सामयिक विधाओं का मिश्रण प्रस्तुत करती है, फिर भी हमे पूरी आशा है कि गुणग्राही पाठकों और अच्छा भोजन खाने वाले व्यक्तियों की यह आवश्यकताओं की पूर्ति करने में सफल सिद्ध होगी ताकि वे अच्छे भोजन का आनंद उठा सकें।

हम आपकी सफल भोजन बनाने की प्रक्रिया की कामना करते हैं और आशा हैं आप इस पुस्तक में प्रस्तुत जानकारी से पूरा लाभ उठाएँगे।

तहलीना कौल

अनुवादकों की कलम से

इस पुस्तक में सुश्री तहलीना कौल ने कई ऐसे व्यंजनों का प्रयोग किया है जो प्रायः घरो में बड़े शौक से खाए और परोसे जाते है और कुछ ऐसे व्यंजन है जिन्हे बाजार से भी आसानी से प्राप्त किया जा सकता है। परंतु घर में तैयार व्यंजन अधिक उपयोगी, स्वास्थ्यवर्द्धक, सस्ते और साफ सुथरे होते है, क्योंकि सफाई का पूरा ध्यान रखा जाने के कारण इनसे प्रायः संक्रमण की आशंका नहीं रहती। दूसरे घर में तैयार व्यंजन कम पैसा खर्च करके अधिक मात्रा में अधिक लोगों को भी खिलाए जा सकते है। बाजार में जो माल बिकता है उनके विक्रेताओं की नजर आपकी जेब पर रहती है, परंतु घर जो भोजन गृहणी बनाती है उसका उद्देश्य आपके स्वास्थ्य को ठीक रखना ही और संतुष्टि प्रदान करना भी है। अतः हमारा परामर्श है कि मजबूरी की अवस्था के अतिरिक्त व्यंजन घर पर ही तैयार किए जाएं तो यह बेहतर रहेगा।

लेखिका ने विभिन्न प्रदेशा में प्रयुक्त विविधि प्रकार के भोजन और उनमें प्रयुक्त होने वाली सामग्री का बहुत ही स्पष्ट भाषा में वर्णन किया है। जो शब्द आम तौर से प्रायः प्रयोग किए जाते है उनका वर्णन उसी रूप में किया है। हमने भी अनुवाद करते समय इस बात का ध्यान रखा है कि जनमानस में प्रचलित शब्दावली और वृत्तांत का ही वर्णन किया जाये। इस दृष्टि से जो शब्दावली हमारे दैनिक जीवन का अटूट अंग बन चुकी है उसे ही अपनाया गया है, भले ही वह मूल रूप से हिन्दी का अंग्रेजी की शब्दावली ही क्यो न हो।

जो माप दिए गए हैवे मीट्रिक प्रणाली में ही है। जो किसी व्यंजन में प्रयुक्त सामग्री का उल्लेख किया गया है वह लेखिका के अनुभव पर आधारित है, फिर भी उसके फेर-बदल इच्छा और आवश्यकता के अनुसार किया जा सकता है। जैसे कुछ लोग नमक, मिर्च, मसाले अधिक खाते है या जो कतई कम या बिल्कुल इस्तेमाल नहीं करते, वे वस्तुओं के आगे लिखी मात्रा में परिवर्तन कर सकते है।

विविध व्यंजनों में 'तेल' के प्रयोग का उल्लेख है जिससे तात्पर्य सरसो के तेल या अन्य वैजिटेबल तेलों से है। 'घी' से तात्पर्य प्रायः शुद्ध देसी घी से ही लिया जाना चाहिये। 'गरम मसाला' से अभिप्राय पिसे हुए मसाले से है और 'क्रीम' से अभिप्राय मक्खन तैयार करने वाली क्रीम से है। अभाव में दूध से उतरी गई मलाई से भी काम चलाया जा सकता है।

सब्ज़ियों को बारबार और अधिक समय तक न धोएँ क्योंकि ऐसा करने से उनके पौष्टिक तत्व विनष्ट हो जाते हैं। दूसरे सब्जी सदा ताज़ी ही इस्तेमाल करें। हम फ्रिज में रखी सब्ज़ी को प्रायः ताजा मानते हैं, परंतु

वह भी एकदम ताज़ा उपलब्ध सब्ज़ी के मुकाबले टिक नहीं सकती।

चम्मच या बड़ा चम्मच से तात्पर्य ऊपर तक भरे चम्मच से न होकर समतल (लेबल) से है। वैसे आप अपनी जरूरत के अनुसार मात्रा में फेरबदल कर सकते हैं। उदाहरणतया सब्जी की मात्रा घटने बढ़ने से अन्य सामग्री भी स्वतः घट या बढ़ जाएगी। ताप से तात्पर्य गैस के ताप से है। जहां ओवन का प्रयोग दरकार है उसका उल्लेख अलग से कर दिया गया है। वैसे अनुभव सबसे बड़ा मार्ग दर्शक है। कुछ यंजन विशेष प्रदेशों की देन है अतः उन्हें तयार करते समय सामग्री की उपलब्धी को ध्यान में भी रखे, हालांकि आजकल यातायात की सुविधा के कारण सभी पदार्थ दूर-दराज भी मिल जाते हैं।

जो भी व्यंजन बनाएँ अपनी क्रय शक्ति और स्वास्थ्य को ध्यान में रख कर ही बनाएँ और पूरी तन्मयता से भोजन तैयार करें। अच्छे और स्वादिष्ट तथा स्वास्थ्यवर्द्धक भोज... ...ही सामग्री, बनाने की उचित विधि और साधनों के महत्व को नकारा नहीं जाना चाहिये।

मनन शर्मा, उदित शर्मा

अंकुरित मूंग-दाल का पुलाव

सामग्री

एक प्याला चावल
एक प्याला पानी
एक प्याना चम्मच तेल
एक कटा प्याज
एक प्याला अंकुरित मूंग की दाल
(पहले से उबाली हुई)
¼ चम्मच गरम मसाला
नमक स्वादनुसार

बनाने की विधि

चावलों को साफ करें ओर बीनने के बाद 15-20 मिनट तक पानी में भिगोया रहने दें। एक कढ़ाई से घी गर्म करे और फिर उसमें 3-4 प्याज तल लें। इसके बाद इसमें अंकुरित मूंग की दाल, नमक और गरम मसाला डाल दें। इसके बाद इसी में चावल भी डाल दे और तब तक पकाएँ जब तक कि चावल नरम न हो जाएँ। इस पुलाव को सादा दही के साथ सेवन करें और परोसें।

काबली चने का पुलाव

सामग्री

एक प्याला चावल
दो प्याला पानी
एक बड़ा चम्मच तेल या घी
एक प्याला उबले काबली चने के दाने
प्याज कटा हुआ
1 चम्मच गरम मसाला
1 चम्मच धनिया पिसा
नमक स्वादानुसार

बनाने की विधि

चावलों को भली प्रकार साफ़ करने के बाद 15-20 मिनट तक पानी में भिगोए रखें। एक कढ़ाई में घी डाल कर गरम करने के वाद उसमें प्याज कटे हुए डाल कर 3-4 मिनट तक हल्का भून लें। इसके बाद इसी तले प्याज़ में सबकी सब बाकी सामग्री डालकर दो मिनट तक हल्का भूनें। बाद में इस भूने मिश्रण में पानी डाल दें और तव तक पकाएँ जव तक चावल नरम न पड़ जाएँ।

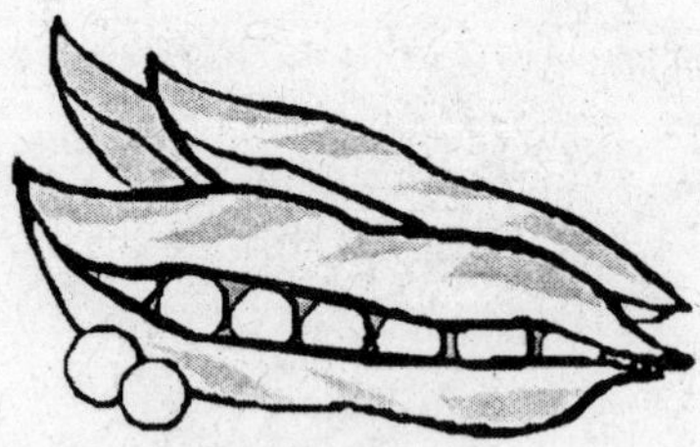

पोगंल चावल

सामग्री

1 प्याज चावल
2 प्याला पानी
1 बड़ा चम्मच तेल या घी
नमक स्वादानुसार
स्वाद वृद्धि के लिए सामग्री
1 चम्मच धनिया साबत
1 चुटकी हींग
4 पेपरी कॉर्न
10 काजू, भूने हुए
10 करी पत्ता
10 अखरोट (भूने हुए)
6 हरी मिर्च (बिना बीज वाली)
1 बड़ा चम्मच घी
1 चम्मच अदरक कटा हुआ
चने की दाल

बनाने की विधि

एक बर्तन में घी गरम करें और इसमें हींग डाल कर कुछ देर तक कड़कड़ाएँ। अब इसी में बाकी सभी सामग्री डाल कर और कुछ मिनट तक भूनें। चावलों को साफ करके पानी में 15-20 मिनट तक भिगो दें। चावल और चने की दाल डाल कर

चावलों को पकाएँ ताकि वे नरम पड़ जाएँ। अब जब चावल पूरी तरह पक जाएँ तो इनके ऊपर घी तथा बाकी दाल और सभी पदार्थ डाल दें और अच्दी तरह सभी पदार्थों को कड़छी से हिलाकर मिला दें। इसे गरम गरम ही खाएँ और परोसे।

शाकाहारी खिचड़ी

सामग्री

1 प्याला चावल
2 गाजर कटी और गहरी भूनी
2 प्याला पानी
½ प्याला मटर के दाने (उबले हुए)
1 बडा चम्मच घी
4 गोभी के टुकड़े (पूरी तरह तले हुए)
6 काजू (भूने हुए)
6 बादाम गिरी (भूनी हुई)
2 शिमला मिर्च (बडे टुकड़ों में कटी और तली हुई)
½ चम्मच हल्दी का पाउडर
½ चम्मच अदरक (छोटे.छोटे टुकड़ों में कटा हुआ)
½ चम्मच लाल मिर्च का पाउडर
2 आलू (चौकोर टुकड़ों में काटे और पहले से ही पूरी तरह तल लें)
½ चम्मच गरम मसाला
100 ग्राम फ्रांस बीन (कटी और गहरी भूनी हुई)
नमक स्वादानुसार

बनाने की विधि

चावल को साफ करे और धोएँ तथा 15-20 मिनट तक पानी में भिगोए रखें। एक बर्तन देगची में घी गरम करके उसी में अदरक हल्का भून लें। अब इसी में चावल भी डाल दें और जरा-सा भून लें। इसमें अब बाकी के सभी पदार्थ और पानी भी डाल दें। बर्तन को ढक्कन से ढक दें और चावल नरम होने तक आँच पर ही रहने दें। पक जाने पर इसे दही या आमुल मक्खन के साथ परोसें।

शाकाहारी बिरयानी

सामग्री

1 प्याला चावल
2 प्याला पानी
2-3 कटे प्याज (सुनहरी रंग होने तक गहरे तलें)
100 ग्राम घर का पनीर (तला हुआ)
1 प्याला अनानास (चौकोर टुकड़ों में कटा)
5-6 गोभी के छोटे फूल
1 बड़ा चम्मच कटा अदरक
3-4 प्याले (घरेलू पनीर के टुकड़ों के समान कटे)
21 काजू
12 दाने किशमिश
6 बादाम की गिरी
(छिली और बारीक कटी)
2 बड़े चम्मच घी
नमक स्वादानुसार

बनाने की विधि

एक बतर्न में एक बड़ा चम्मच घी डाल कर गरम करें। इस घी में सभी सब्जियाँ डाल कर 2-3 मिनट तक हल्का भूने। थोड़ा सा भुन जाने पर इससे सभी सूखे मेवे डालकर दुबारा 1-2 मिनट तक भूने और अब इस सामग्री में नमक भी मिला दें।

इसमें चावल (बिना पानी के) भी डाल दे और थोड़ा सा भून लें। घी और तले हुए प्याज़ को छोड़ कर बाकी सभी पदार्थ इसमें डाल दें। अब ऊपर से पानी भी डाल दें और ढक दें, और तब तक पकाएँ जब तक चावल नरम न हो जाएँ। जब चावल तैयार हो जाएँ तो ऊपर से घी छिड़कर डाले और तला प्याज भी डाल दें।

टमाटर और अनानास वाले चावल

सामग्री

1 प्याला चावल
1 चम्मच चिल्ली सॉस (लाल)
2 प्याला पानी
½ प्याला कटे हुए टमाटर
1 बड़ा चम्मच घी या तेल
½ प्याला अनानास के कटे हुए टुकड़े
½ चम्मच बारीक पिसा हुआ अदरक
½ चम्मच बारीक पिसा लहसुन
नमक स्वादनुसार

बनाने की विधि

चावल को साफ करें और धोने के बाद 15-20 मिनट तक पानी में भिगो कर रखने के बाद सारा पानी निकाल दें। चावलों को उबालने के बाद कुछ घंटे यो ही रखा रहने दें। एक अलग बर्तन में घी डालकर गरम करके उसके बारीक पिसा अदरक और लहसुन डाल दें और 1-2 मिनट तक हल्का भून लें। भुनने के बाद इसी में टमाटर और मिर्च की सॉस डालकर 3-4 मिनट तक हल्का भूने या तब तक भूनें जब तक गाढ़ा रस तैयार न हो जाये। यदि आवश्यक समझें तो थोड़ा सा पानी भी डाल दें। अब इसमें अनानास और नमक सम्मिलित करके पके हुए चावलों में मिलाएँ और अच्छी तरह मिलाकर एक जगह कर लें। सारे मिश्रण को 3-4 मिनट तक हल्का भूनें या तब तक गरम हो जब तक पूरी तरह आपस में सभी पदार्थ मिल न जाएँ या गरम न हो जाएँ। इस व्यंजन को गरमागरम ही परोसें।

मटर वाले चावल

सामग्री

250 ग्राम मटर के दाने
1 बड़ा चम्मच घी
2 बड़े चम्मच हरा धनिया
1 प्याला चावल
2 हरी मिर्च
2 प्याला पानी
½ चम्मच गरम मसाला
नमक स्वादनुसार

बनाने की विधि

चावलों को बीनने के बाद धो लें और 15-20 मिनट तक पानी में भिगोए रखें। इसी बीच मटर के दाने, हरी मिर्च और हरा धनिया इतना बारीक पीसें कि लुग्री बन जाए, जिस के लिए मिक्सर का प्रयोग करें। इस मिश्रण को अब नमक और गरम मसाले में मिला दें।

एक बर्तन में घी गरम करें और मटर आदि की जो पिसी लुग्दी है घी में डाल दें और कुछ मिनट तक हल्का भूल लें। अब इसी मिश्रण के चावल भी डाल दें और कुछ और मिनट तक भूनें। यदि आवश्यक समझें तो इसमें पानी आवश्यकतानुसार डालें और भली प्रकार मिलाएँ और एकजान लें। अब बर्तन को ढक्कन से ढक दें और चावलों को तब तक आँच पर रखे जब तक कि वे कोमल न हो जाएं। इन चावलों को गरमागरम ही खाएँ और परोसें।

मेथी वाले चावल

सामग्री

250 ग्राम मटर
2 बड़े चम्मच ताजा धनिया
½ चम्मच लाल मिर्च का बुरादा
नमक स्वादनुसार
1 बड़ा चम्मच घी या तेल
1 प्याला चावल
2 हरी मिर्च
2 प्याला पानी

बनाने की विधि

चावलों को साफ करके धोएँ और 15-20 मिनट तक भिगोए रखें। घी को एक बर्तन में गरम करें। अब इस में चावल डाल दें और थोड़ा सा भून ले। भुन जाने के बाद चावलों में मेथी के बारीक कटे पत्ते डालकर, बाद में लाल मिर्च का पाउडर और पानी भी मिला दें। इतना करने के बाद बर्तन को ढक्कन से ढक दें और आंच पर तब तक रखें जब तक कि चावल कोमल न हो जाएँ।

नींबू वाले चावल

सामग्री

1 प्याला चावल
2 प्याला पानी
1 नींबू का रस
1 प्याला हरा धनिया (धोया और कटा हुआ)
1 बडा चम्मच कसा हुआ नारियल
नमक स्वादाननुसार

मसाले के लिए सामग्री

2 बडा चम्मच घी
2 कटी हुई हरी मिर्च
1 बड़ा चम्मच चना
1 बड़ा चम्मचा उड़द की दाल
¼ चम्मच हल्दी पिसी
¼ चम्मच राई/सरसों के दाने
6 करी पत्ता

बनाने की विधि

चावलों को साफ करके धोएँ और 15-20 मिनट तक इन्हें पानी में भीगा रहने दें। किसी बर्तन में घी डाले और गरम करें। गरम घी में मसाला बनाने का सारा सामान डालकर सारी सामग्री को कड़कड़ाने के बाद दो मिनट तक भूनें। अब इस मसाले मसाने के चावल, कसा हुआ नारियल, हरा धनिया, नमक और नींबू का रस भी डाल दें। इसके बाद सारे मसाले में चावल और पानी डालकर तव तक पकाएँ जब तक चावल गल न जाएँ। इस नींबूयुक्त चावल के व्यंजन का दही के साथ आनंद ले और परोसें।

मकई वाला पुलाव

सामग्री

1 प्याला चावल
½ चम्मच हल्दी का बुरादा
½ चम्मच लाल मिर्च का बुरादा
2 बडा चम्मच घी
2 प्याला पानी
1 चम्मच गरम मसाला
नमक स्वादानुसार
1 प्याला पहले से पकी हुई मकई
'ऊपर से बुरकने और सजाने के लिए कुछ ताजा धनिया के पत्ते।

बनाने की विधि

चावल साफ करके धोएँ और 15-20 मिनट तक पानी में भिगोए रखें। एक बर्तन में घी गरम करके इसी में मकई और चावल डालकर 2-3 मिनट तक थोड़ा सा तल लें। तलने के बाद इसमें हल्दी और लाल मिर्च का बुरादा, पानी और गरम मसाला डालकर ढक्कन से ढक दें और चावल पकने या गलने तक आँच पर पड़े रहने दें। पकने पर इन चावलों पर धनिया के पत्ते फैला दे और दही के रायते के साथ सेवन करें परोसें।

बैंगन का सालन

सामग्री

½ किलो छोटे आकार के बैंगन (प्रत्येक बैंगन चार भागोंमें कटा नीचे का हिस्सा मत काटें और ऊपर का डंठल भी मत काटें)।

½ प्याला कसा हुआ नारियल

1 चम्मच धनिया साबत

कुछ करी पत्ता

1 चम्मच लहसुन की पिष्टी

1 चम्मच जीरा के बीज

1 चम्मच अदरक की पिष्टी

1 चम्मच लाल मिर्च का पाउडर

2 चम्मच तिल

3 चम्मच इमली का घोल

½ प्याला पहले से पकाया सरसों का तेल

नमक स्वादानुसार

बनाने की विधि

धनिया, ज़ीरा और तिल इकट्ठा भून लें। नारियल को अलग से भूनें। सभी उक्त पदार्थो को मिलाकर पीसें और पिष्टी तैयार करें। बैंगनों को गहरा तले जब तक कि वे सुनहरी रंग वाले न हो जाएँ। बैंगनों को तलने के बाद अलग रख दें।

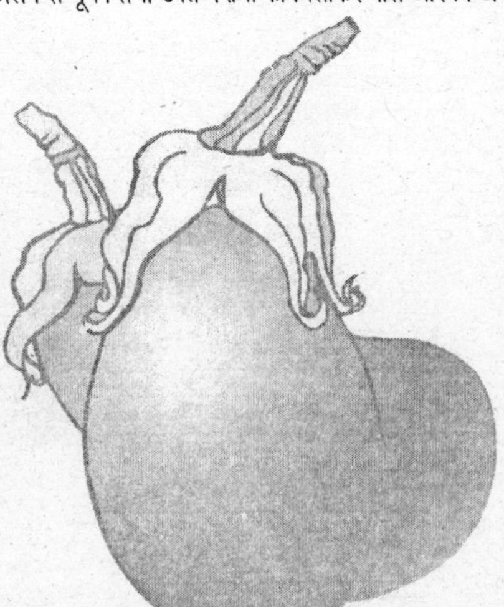

एक कड़ाही में या बर्तन में तेल डाले और गरम करें। गरम करने के बाद इस तेल में अदरक, लहसुन, नारियल करी पत्ता और तिल की पिष्टी डालकर 2 मिनट तक भूनें। अब इसी में बाकी सारे मसाले भी डालकर भली प्रकार मिला कर हिला दें ताकि एकजान हो जाएं। इसमें ¼ प्याला पानी डालकर उबालें। इतना करने के बाद इस मिश्रण में बैंगन और इमली का पेस्ट या रस डालकर 5 मिनट तक पकाएं या तब तक पकाएं जब तक रस गाढ़ा न हो जाए।

बैंगन का शोरबा

मक्का पुलाव

अदरक और कुकुरमुत्ता (मशरूम) वाले चावल

सामग्री

200 ग्राम गोल मशरूम
2 बड़े चम्मच बारीक कटा अदरक
½ चम्मच ज़ीरा के बीज
½ चम्मच लाल मिर्च कर पाउडर
1 बड़ा चम्मच घी
नमक स्वादानुसार
1 प्याला चावल
2 प्याला पानी

बनाने की विधि

चावल को साफ़ करके धो लें और तब 15-20 तक पानी में भीगा रहने दें। एक बर्तन में तेल डालकर थोड़ा सा तपा लें। अब इस गरम तेल में ज़ीरे के बीज डाल कर थोड़ी देर तक कड़कड़ा लें। कड़कड़ाने के बाद इसमें बारीक कर अदरक डालें और 2-3 मिनट तक तलें। इसके बाद इसमें मशरूम, नमक और लालमिर्च पिसी हुई डालें और 5 मिनट तक भूनें। अब इस मिश्रण में चावल और पानी भी डाल दें और ढक्कन से ढक दें और तब तक पकाएँ जब तक कि चावल गल न जाएें। इसे गरमागर्म परोसें।

शाही चावल

सामग्री

1 प्याला चावल
2 प्याला पानी
2 बड़े चम्मच घी या तेल
मसाले की सामग्री
2-3 लौंग
3-4 तेज पत्ता
6-7 काली मिर्च (साबत)
2-3 दालचीनी (लगभग 1" लम्बे)
½ चम्मच ज़ीरे के बीज
नमक स्वादानुसार
½ चम्मच गरम मसाला

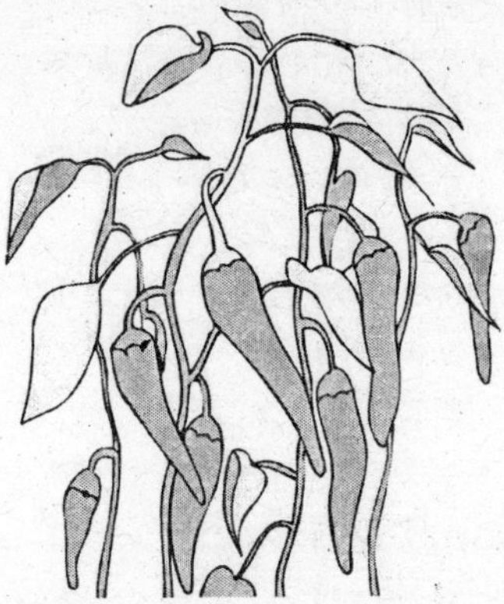

बनाने की विधि

चावलों को साफ़ करके धोएं और पानी में 15-20 मिनट तक भिगोकर रखें। इसके बाद चावलों से पानी निकाल दें। एक बर्तन में पानी डाले और फिर नमक मिलाएं। मसालों को एकपोटली में बांधे और दस मिनट तक इस पोटली को पतीली में लटकाएँ। इसके बाद पोटली को पानी से निकाल ले।

एक बर्तन में घी डालकर गरम करें और इसमें जीरा डाल कर थोड़ा सा कड़कड़ाएँ। इसमें अब मसालायुक्त पानी डालें, और साथ ही गरम मसाला और चावल भी मिला दें। बर्तन को ढक्कन से ढक दें और चावल पक जाने पर आग पर सामग्री पड़ी रहने दें। इसे पकड़ने के बाद आग से उतार लें और कढ़ी के साथ परोसें।

नोट – पोटली के लिए बारीक मलमल के टुकड़े का प्रयोग करें।

केला कोफ़्ता

सामग्री

1 किलो कच्चा केला
2 कटे हुए प्याज़
½ चम्मच अदरक
2 हरी मिर्च, कटी हुई
2 बड़े चम्मच हरा धनिया
नमक स्वादानुसार
1 चम्मच लाल मिर्च पिसी
तेल (गहरा तलने के लिए)

रस तैयार करने के लिए सामग्री

1 प्याला बारीक पिसे प्याज़
1 प्याला कटे हुए टमाटर
1 चम्मच लहसुन की पिष्टी (पेस्ट)
½ चम्मच पिसी हुई लाल मिर्च
½ चम्मच हल्दी पिसी हुई
½ चम्मच धनिया, बारीक पिसा
½ चम्मच गरम मसाला
½ बड़ा चम्मच तेल
1 बड़ा चम्मच हरा धनिया
नमक स्वादानुसार

बनाने की विधि

केले 30 मिनट तक पानी में उबाले और फिर उनका छिलका उतारकर कोफ्ते बनाने वाला सारा सामान डालकर बारीक पीस लें। इस मिश्रण से 15 कोफ्ते बनाकर तेल में सुनहरी रंग में होने तक तलें। रस तैयार करने के लिए कड़ाही में तेल डालकर गरम करें और फिर उसमें अदरक और लहसुन डालकर हल्का भूनें। जब भुन जाएं तो प्याज़ अदरक और लहसुन डालकर हल्का भूनें। जब भुन जाएं तो प्याज़ भी डाल दें और 4-5 मिनट तक हल्का भून लें, अब इस मिश्रण में टमाटर और मसाले डालकर 5 मिनट तक या जब तक रस गाढ़ा न हो जाए, पकाएं। एक प्लेट में कोफ्तें सजाएँ और उनके ऊपर तैयार किया गया गाढ़ा रस डाल दें।

आलू भाजी

सामग्री

½ किलो आलू
1 चम्मच काली मिर्च
कुछ लौंग (अनुमान से)
2 बड़े चम्मच कसा हुआ नारियल
2 बड़े चम्मच पकाने का तेल
4-5 करी पत्ता
1 चम्मच कुतरा हुआ लहसुन
1 चम्मच दाल चना
2 हरी मिर्च
½ चम्मच सरसों के दाने
2 साबत लाल मिर्च
2 चम्मच पिसी हल्दी
नमक स्वादानुसार
1 चम्मच भुना हुआ ज़ीरा (पिसा हुआ)

बनाने की विधि

आलुओं को धोकर छील लें और चौकोर टुकड़ों में काट लें। एक मिक्सी में हरी मिर्च, भुनी चने की दाल, काली मिर्च, अदरक कसा हुआ नारियल और थोड़ा पानी आवश्यकतानुसार डालकर पीसें और लुकदी तैयार कर लें।

कड़ाही में तेल डालकर गरम करे और तब तेल में जीरा, सरसों के दाने, साबत लाल मिर्च और करी पत्ता डालें, जब मसाला छितराने लगे तो इसमें प्याज डालकर हलका तल ले। इसके बाद इसमें टमाटर और आलू डाल दें और फिर 3-4 मिनट तक हल्का तलें। अब बर्तन से ढक दें और आंच पर रख दें ताकि आलू कोमल (नरम) हो जाएं। इसके पश्चात इसमें पिष्टी डाल कर 3-4 मिनट या अधिक समय तक हल्की आंच पर पकने दें।

घीये का कोफ़्ता

कोफ्ता बनाने के लिऐ सामग्री

1 घीया लंबा वाला (इसे कद्दूकस करके पानी निचोड़ दें)
2 बड़े चम्मच बेसन
1 चम्मच चाट मसाला
1 चम्मच पिसी लाल मिर्च
नमक स्वादानुसार

कढ़ी तैयार करने के लिए सामग्री

3 कद्दूकस किए प्याज़
2 कटे टमाटर
1 चम्मच अदरक बारीक कटा
½ चम्मच पिसी लाल मिर्च
½ चम्मच पिसा धनिया
½ चम्मच पिसी हल्दी
½ चम्मच सोंठ
नमक स्वादानुसार

बनाने की विधि

कसे हुए घीया में कोफ्ता बनाने की सारी सामग्री मिला दें और गोल-गोल पकौडी बना कर गहरा तले ताकि उनका रंग सुनहरी हो जाये। एक कड़ाही में तेल डाल कर गरम करें और इसमें लहसुन (कटा हुआ) डालकर कुछ क्षण तक तलें। इसी में बाद में प्याज डालकर 3-4 मिनट या जब तक सुनहरा रंग न हो जाए तलें। इस मिश्रण में अब टमाटर और सारे मसाले डालकर अच्छी तरह हल कर दें। इतना करने के बाद इस मिश्रण मैं ¼ प्याला पानी का डालकर उबलने दें। एक प्लेट में कोफ़्ते तरतीब से रखे और ऊपर पहले से तैयार रस इनके ऊपर डाल दें। परोसने से पहले इसपर हरा धनिया और गरम मसाला छितरा डाल दें।

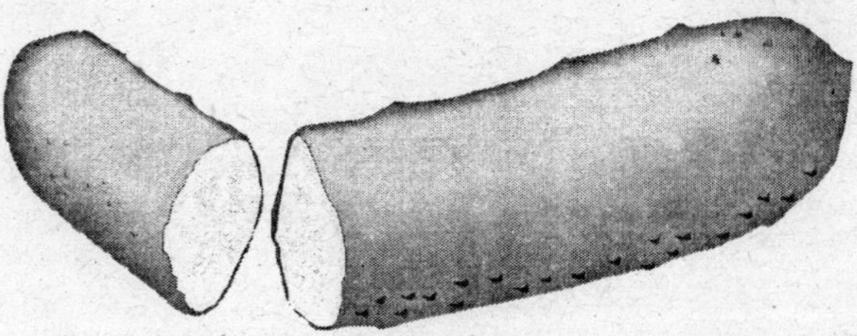

मिक्स वैजिटेबल वाले चावल

सामग्री

1 प्याला चावल
2 प्याला पानी
1 शिमला मिर्च, बारीक टुकड़ों में कटी हुई
½ प्याला मटर के दाने (पहले से उबाले हुए)
½ प्याला पहले से कटी और उबली हुई गाजर
½ प्याला कटे हुए टमाटर
½ चम्मच पिसी हुई लाल मिर्च
½ चम्मच गरम मसाला
1 बड़ा प्याज, बहुत बारीक कटा हुआ
1 बड़ा चम्मच घीया तेल
नमक स्वादानुसार

बनाने की विधि

चावलों को साफ़ करके धोएं और 15-20 मिनट तक पानी में भिगोए रखें। एक बतर्न में तेल गरम करके उसमें प्याज छोड़कर 2-3 मिनट तक हल्का भूनें। अब इसमें गरम मसाला और लाल मिर्च के पाउडर के समेत सभी पदार्थ डाल दें। इसी में नमक भी मिला दें और साथ चावल और पानी डालने के बाद ढक दें, और तब तक पकाएं जब तक चावल पूरी तरह गरम होकर पक न जाएं।

खट्टी भिंडी

सामग्री

½ किलो धोई और साफ की हुई भिंडी
½ चम्मच सरसो के दने
½ चम्मच ज़ीरा साबत बीडा
½ चम्मच मेथी के दाने
½ चम्मच पिसी लाल मिर्च
4-5 बारीक कटे हुए प्याज़
4-5 हरी मिर्च (बीडा सहित और बीच से कटी)
½ चम्मच पिसा हुआ धनिया
½ प्याला इमली का घोल। सत्व
½ प्याला टमाटर का गूदा
1 चम्मच सिरका
5-6 करी पत्ता
2 बड़ा चम्मच सरसों का तेल (पहले से उबाला हुआ)

बनाने की विधि

एक कड़ाही में घी गरम करके भिंडी डालकर 3-4 मिनट तक या तब तक जब तक भिंडी गल न जाए भूनें। इसके बाद भिंडी को अलग रख दें। इसी तेल में सरसों, ज़ीरा और मेथी डालकर तब तक तलें जब तक फूलने न लगे। इसमें प्याज़ डालें और सुनहरी रंग होने तक भूनें। इसके बाद इसी में हरी मिर्च और करी पत्ता डालकर कुछ क्षण तक धीमा तलें। इस मिश्रण में टमाटर का गूदा डालकर 3-4 मिनट तक धीमा तले। इसके बाद इमली का रस, धनिया और लाल मिर्च का पाउडर डालकर पुनः 3-4 क्षण तले। सारे मिश्रण में ¼ प्याला पानी के साथ भिंडी भी छोड़ दें और जब तक गाढ़ा न हो जाये तब तक पकाएं। पकने के बाद इस पर हरा धनिया बुरक कर सजा दें।

भरवां टमाटर

सामग्री

6 कड़े टमाटर
2 बड़े चम्मच तेल
200 ग्राम मशरूम बारीक कटी हुई
2 हरी मिर्च, बीज निकाले हुए
2 बड़ा चम्मच धनिया, बारीक कटा
नमक स्वादानुसार
½ प्याला प्याज़ की लुगदी
1 तेज पत्ता
2 बड़े चम्मच मलाई/क्रीम
½ चम्मच गरम मसाला
½ काली मिर्च
½ चम्मच चीनी

बनाने की विधि

टमाटर की ऊपरी टोपी काट कर बीच वाला गूदा निकाल दें और अलग रखें। एक कड़ाही में तेल गरम करें और उसमें टमाटर के साथ लहसुन-अदरक की पिष्टी डालकर 4-5 मिनट या जब तक गाढ़ा न हो जाए हल्का तलें। इसमें अब हरी मिर्च और मशरूम डालकर 4-5 मिनट तक धीमा तलें और फिर सभी मसाले डालकर 2-3 मिनट तक धीमा तलें। इस सारे मिश्रण को ठंडा होने दें। इस मिश्रण को टमाटरों में भर दें और ऊपर से टमाटर की टोपी से टमाटर का मुंह बंद कर दें। उसे 10-15 मिनट तक गरम किये हुए तंदूर (ओवन) में सिकने दें। इसके बाद टमाटरों पर क्रीम फैला दें और फिर धनिया छिड़कने के बाद सेवन करें परोसें।

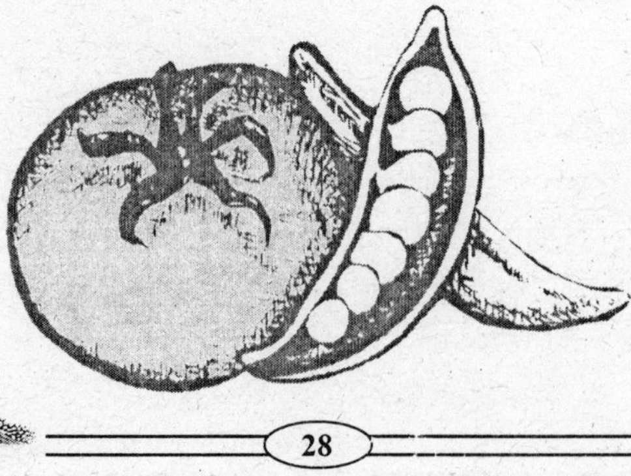

पालक-मशरूम

सामग्री

200 ग्राम मशरूम
1 चुटकी हींग
1 चम्मच अदरक, कटा हुआ
½ चम्मच धनिया, पिसा हुआ
नमक स्वादानुसार
2 गुच्छी पालक
5-6 लहसुन की कलियाँ, पिसी हुई
½ चम्मच पिसी लाल मिर्च
½ चम्मच हल्दी पिसी
2 बड़े चम्मच तेल

बनाने की विधि

पालक को धोकर साफ करें और 14 पानी डालकर पाँच मिनट तक उबाले। उबालने से पहले नमक पानी में डाल दें। इसके बाद पालक को भली प्रकार मथ लें और अलग रख दें। कड़ाही में तेल गरम करके उसमें हींग कड़कड़ा ले। इसी में लहसुन और अदरक डालकर एक मिनट तक हल्का भूने। मशरूम को धोने के बाद उसके डंठल उतारें। अलग करके लहसुन अदरक के मिश्रण में डाल दें और पाँच मिनट तक या जब तक नरम न हो जाये पकाएं। अब इसमें मसाला मिश्रित कर दें और 5-6 मिनट तक हल्का तलें या तब तक तले जब तक अतिरिक्त जल सूख न जाए।

कड़ाही-मशरूम

सामग्री

200 ग्राम मशरूम
1 चम्मच भुना हुआ धनिया पाउडर
1 चम्मच कटा अदरक
5-6 हरी मिर्च बीजरहित
2 साबत लाल मिर्च
½ चम्मच पिसी लाल मिर्च
1 चम्मच अधपिसी काली मिर्च
1 चम्मच गरम मसाला
1 चम्मच कटा लहसुन
2 बड़ा चम्मच तेल
नमक स्वादानुसार
½ चम्मच चाट मसाला

बनाने की विधि

मशरूम को धोने के बाद प्रत्येक को आधा-आधा काट लें। बर्तन में तेल डालें और गरम करें। उसमें अदरक, साबत लाल मिर्च, काली मिर्च और लहसुन डालकर 3-4 सैकेन्ड तक हल्का भूनें, इसके बाद इस भुनी सामग्री में मशरूम डालकर 5 मिनट तक या जब तक मशरूम कोमल न हो जाए भूनें। इसके बाद सभी मसाले डालकर 3-4 मिनट तक दुबारा भूनें। तैयार हो जाये तो इस सब्ज़ी पर कटा हुआ हरा धनिया बुरक दें।

भरवां मशरूम

सामग्री

200 ग्राम बटन मशरूम

4 बड़े चम्मच कसा हुआ नारियल

1 चम्मच भुना तिल

½ प्याला मलाई/ क्रीम

नमक और काली मिर्च स्वादानुसार

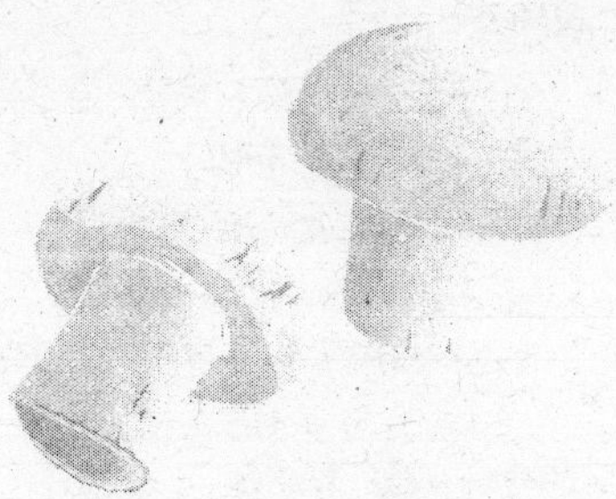

बनाने की विधि

मशरूम धोकर उनके डंठल/ तना काट कर अलग कर दें। नमक, भुना तिल और काली मिर्च पनीर में डालकर एकजान कर लें और मशरूम में भरें। इसे 5-6 मिनट तक, या जब तक पनीर का सुनहरी रंग न हो जाये, सामान्य रूप से गर्म किये ओवन में रखें। तैयार होने पर इसपर क्रीम/ मलाई डालकर फैला दें और नमकीन के साथ खाएं।

दही बैंगन

सामग्री

½ किलो छोटे बैंगन

2 कटे हुए प्याज़

1 चम्मच अदरक-लहसुन की लुग्दी। पेस्ट

½ चम्मच गरम मसाला

2 चम्मच कसूरी मेथी (सूखी मेथी)

2 बड़े चम्मच तेल, तलने के लिये

2 बडे चम्मच मथा हुआ दही

1 चम्मच धनिया पिसा

½ चम्मच पिसी मिर्च

नमक स्वादानुसार

बनाने की विधि

सभी बैंगन को चार चार टुकड़ों में काट लें परंतु इसके बाद टंठल न काटें। इसे गहरा तलें या जब तक सुनहरी न हो जाये तलें और अलग रख दें। एक कड़ाही में तेल गरम करके इसी में लहसुन और अदरक की पिष्टी डालकर कर कुछ क्षण तक हल्का भूने। इसके बाद बारीक कटा प्याज़ डालें और कुछ समय तक, या जब तक कि इसका रंग सुनहरा न हो जाए, अव इसमें मसाले और अन्य पदार्थ दही समेत डालकर 4-5 मिनट तक या जब तक बुलबुले न उठने लगे हल्का तलते रहें। इस मिश्रण में बैंगन और ¼ प्याला पानी डाल कर ढक दें और 5 मिनट तक पकाएं। जब पूरी तरह पक जाए जो कटा धनिया और गरम मसाला इस पर बुरक दें।

टमाटर और अदरकी गोभी

सामग्री

1 फूल गोभी के गोल (बिना कटे) टुकड़े

½ प्याला जीरा साबत

2 टमाटर, बारीक कटे

2 बडा चम्मच अदरक

मसाला तैयार करने के लिए सामग्री

1 चम्मच पिसी लाल मिर्च

½ चम्मच सोंठ (अदरक पाउडर)

½ चम्मच पिसी हल्दी

½ चम्मच गरम मसाला

नमक स्वादानुसार

बनाने की विधि

गोभी को धोकर पानी निकाल दें। एक कहाड़ी में तेल गरम करके उसमें ज़ीरा डालकर कड़कड़ाएं। अब इसमें अदरक डाल कर 1-2 मिनट तक हल्का भून लें। इसके बाद इसमें गोभी के गोल टुकड़े डालें और 5-10 मिनट तक, या जब तक गोभी नरम न पड़ जाए, भूनें। अब गोभी को कड़ाही में से निकाल कर अलग रख दें, परंतु तेल कड़ाही में ही पड़ा रहने दें। अब कड़ाही में टमाटर छोड़ दें और तब तक हल्का भूने जब तक कि गाढ़ा रस तैयार न हो जाय। इससे मसाले डाल कर ऊपर से तली गोभी भी डाल कर हिला दें ताकि सभी पदार्थ एकजान हो जाएं। इसमें नमक डालकर भली प्रकार मिला दें और 3-4 मिनट तक, या जब तक सभी पदार्थ परस्पर मिश्रित न हो जाऐं, आंच पर रखा रहने दें।

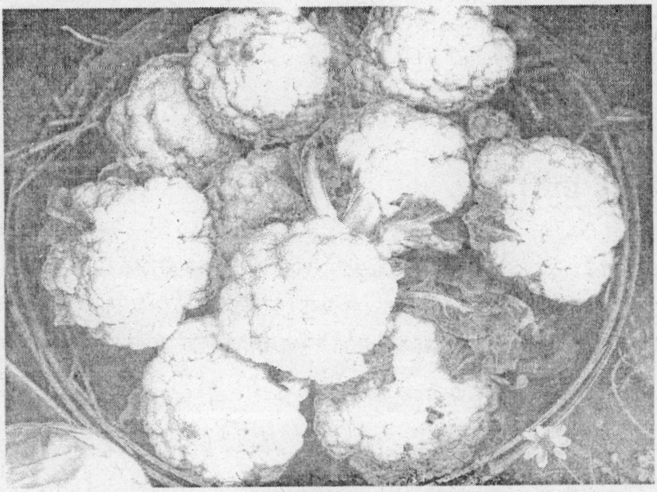

पनीर टिक्का

सामग्री

½ किलो पनीर (1"x1" आकार के टुकड़ों में कटा हुआ)

मैरीनेट करने के लिए सामग्री

½ प्याला लटकाया हुआ दही (मठा)

½ प्याला अजवायन

1 चुटकीभर लाल तंदूरी रंग (खाने वाला)

½ चम्मच गरम मसाला

½ चम्मच धनिया, पिसा हुआ

½ चम्मच लाल मिर्च, पिसी हुई

नमक स्वादानुसार

अलंकृत करने के लिए

1 चम्मच हरा धनिया

½ चम्मच चाट मसाला

1 प्याज़ के गोल लच्छे

1 नींबू का रस

बनाने की विधि

मलने / मैरीनेशन के लिए जो जो सामग्री ऊपर बताई गई है उन सभी पदार्थो का मिश्रण तैयार करके पनीर के टुकड़ों पर भली प्रकार चढ़ा दें और एक घंटा तक अलक (बर्तन में) पड़ा रहने दें। तंदूर (ओवन) को 180° पर पहले से ही तापित करके रखें। एक लोहें की सीख सिलाई पर एक-एक करके पनीर के टुकड़े सीख से गौदते रहें और प्रत्येक टुकड़े के बीच में थोड़ी जगह जरूर छोड़ते जाएं। जब टुकड़े तंदूर पर भूरे रंग के हो जाएं तो सीख से हटाकर प्लेट में रख लें और इनपर धनिया और गरम मसाला बुरकने के बाद ऊपर से नींबू का रस डाल दें।

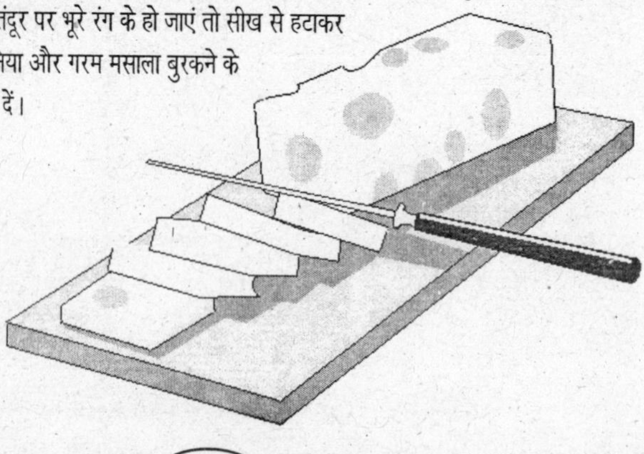

मटर पुदीना

पालक पनीर टिक्का

पालक-पनीर टिक्का

सामग्री

200 ग्राम पनीर
½ चम्मच ज़ीरा पिसा
½ चम्मच गरम मसाला
नमक स्वादानुसार
2 चम्मच कटा हुआ हरा धनिया।

मैरिनेट करने के लिए सामग्री

1 प्याला पालक
2 बड़ा चम्मच लटकाया हुआ दही (मठा).
2-3 हरी मिर्च लहसुन की लुग्दी
2-3 पिसे हुए लौंग
हींग आवश्यकतानुसार

बनाने की विधि

पालक को भली प्रकार कुचल लें और इसमें हरी मिर्च, हींग, दही / मठा और लहसुन अच्छी तरह मिलाकर मिश्रण तैयार करें और लहसुन अच्छी तरह मिलाकर मिश्रण तैयार करें और तब इसे पनीर के टुकड़ों पर मल दें। इसे बाद पिसा ज़ीरा, गरम मसाला, धनिया और नमक मिलाकर इन टुकड़ों पर बुरक दें। तंदूर को पहले से ही गरम रखें और पनीर के टिक्के लगभग 10-15 मिनट तक भून कर पकाएँ या जब तक पनीर कुरमुरा और चटकदार न हो जाए या फिर 10-15 मिनट तक तंदूर में रखा रहने दें।

परवल की सब्जी

सामग्री

½ किलो कोमल परवल

परवल भरने के लिए सामग्री

3 आलू, उबले और मथे हुए
1 प्याज़ बारीक कटा हुआ
½ चम्मच भुना ज़ीरा (पीसा हुआ)
नमक स्वादानुसार
2 हरी मिर्च, बारीक कटी हुई
½ चम्मच चाट मसाला
½ चम्मच पिसी लाल मिर्च
पकाने के लिए तेल

कढ़ी के लिए समाग्री

2 बारीक कटे प्याज़
1 चम्मच बारीक कटा अदरक
½ चम्मच पिसी लाल मिर्च
½ चम्मच पिसा धनिया
नमक स्वादानुसार
1 बारीक कटा टमाटर
½ चम्मच बारीक कटा लहसुन
½ चम्मच पिसी हल्दी
½ चम्मच गरम मसाला
1 बड़ा चम्मच तेल

बनाने की विधि

परवल का ऊपर वाला सिरा थोड़ा सा काट कर उस के प्रत्येक टुकड़े के भीतर से बीज और गूदा निकाल दें। परवल को बाहर से थोड़ा सा छील लें इसे सुनहरी रंग का होने तक तलें। सभी भरने वाले पदार्थों को अच्छी प्रकार से मिला लें और प्रत्येक परवल में एक समान भरने के बाद परवल एक ओर अलग रख दे। कड़ाही में तेल डालकर गरम करें और लहसुन को हल्का सा तल लें। इसमें अब प्याज भी डाल दे और 3-4 मिनट तक या सुनहरा होने तक भूनें। इसके बाद इसमें टमाटर और मसाले भी डाल दें और 3-4 मिनट तक भूनें। इसमें अब ¼ प्याला पानी डाल कर इसे उबलने तक आँच पर रखे। इसमें अब भरवां परवल डालकर पाँच मिनट तक और पकाएँ और फिर इसके बाद आँच बन्द कर दें और इसी स्थिति में पड़ा रहने दें। कुछ देर के बाद इस पर गरम मसाले का पाउडर और कटा हुआ धनिया फैलाकर बिखेर दें और फिर सेवन करें और परोसे।

भरवां शिमला मिर्च

सामग्री

1 प्याना चावल
½ चम्मच चिल्ली सॉस
2 प्याला पानी
2 बड़े चम्मच घी या तेल
6 शिमला मिर्च
100 ग्राम घर का बना पनीर, टुकडों में कटा और तला हुआ
4 टमाटर
1 चम्मच कटा लहसुन
1 शिमला मिर्च बारीक टुकड़ों में कटी हुई
½ चम्मच ज़ीरे के बीज

बनाने की विधि

सबसे पहले चावलों को साफ करके धो लें और पानी में नरम होने तक पकाएँ। चावल ठंडे हो जाएं तो अलग रख दें। एक बर्तन में जीरा, घी डालकर गरम करें और इसमें जीरा थोड़ा सा कड़कड़ा लें। इस में अदरक डालककर 2-3 मिनट तक कड़कड़ाएँ। इस मिश्रण में कटी हुई शिमला मिर्च डालें और 2-3 मिनट तक हल्का भूनें। इसमें टमाटर डाल दें और 2-3 मिनट तक फिर हल्का सा भून लें। इसके बाद लाल मिर्च की चटनी और तले हुए पनीर के टुकड़े डाल दें और दो मिनट, या जब तक टमाटर का गाढ़ा रस न बन जाए हल्का पकाएं। इतना करने के बाद सारी पकी सामग्री एक तरह रख दें। शिमना मिर्च के ऊपर वाला डंठल का भाग काट कर छेद करें और भीतर के बीज निकाल दें। अब इन खोखली शिमला मिर्च में तैयार और भुना

मसाला और पके चावल भर दें और बेकिंग तश्तरी ट्रे में तरतीब से सजा कर रखें और इन पर घी या तेल चुपड़ दें। अब शिमला मिर्च को 180° सेंटीग्रेड ताप पर 15 मिनट तक पकने दें।

दम आलू (पंजाबी)

सामग्री

1 किलो छोटे आकार के आलू
तेल, गहरा तलने के लिए

रस तैयार करने के लिए सामग्री

2 बडा चम्मच तेल
1 तेज पत्ता
1 बडी इलायची (पिसी हुई)
½ चम्मच जीरा, साबत
1 छोटी इलायची, पिसी हुई
1 प्याला कसे हुए प्याज
1 चम्मच सिरका
2 बडे चम्मच कसूरी मेथी (सूखी मेथी)
½ चम्मच पिसी लाल मिर्च
½ चम्मच पिसा धनिया
3-4 लौंग साबत
½ चम्मच पिसी हल्दी
½ चम्म गरम मसाला
2 बड़े चम्मच मथा हुआ दही
नमक स्वादानुसार

बनाने की विधि

आलू उबाल कर और उनका छिलका उतार कर टुथ-प्रिक से छेद कर लें। इन आलुओं को गहरा भूनें या तब तक भूनें जब तक कि ये सुनहरे न हो जाएं। एक कड़ाही में तेल डाल कर गरम करें और उसमें जीरा साबत, लौंग, इलायची, तेजपत्ता और अदरक डालकर एक मिनट तक भूनें। भूनने के बाद इसमें कसे हुए प्याज़ और कसूरी मेथी डालकर 4-5 मिनट तक हल्का तले। अब इसमें मसाले, दही डालकर 4-5 मिनट तक तेज आंच पर भूनें। फिर आधा प्याला पानी का भी डाल दें और उबलने दें। उबलने पर इसमें आलू डालकर ढक दें और धीमी आंच पर 5-6 मिनट तक पकाएं। इसके बाद आंच तेज कर दें और 4-5 मिनट तक दुबारा पकने दें।

पंजाबी दम आलू

भरवाँ शिमला मिर्च

आलू अनारदाना

सामग्री

½ किलो छोटे आलू
1 बड़ा चम्मच तेल
1 चम्मच पिसी लाल मिर्च
½ चम्मच पिसी हल्दी
1 बड़ा चम्मच अनारदाना
1 बड़ा चम्मच चाट मसाला
½ चम्मच पिसा धनिया
½ चम्मच जीरे का भुना पाउडर
नमक स्वादानुसार

बनाने की विधि

आलुओं को भली प्रकार धोएं और उनका छिलका बचा कर धोएँ। बर्तन में घी गरम करके उसमें आलू तल लें। 3-4 मिनट तक या जब तक आलू हल्के सुनहरी रंग के न हो जाएँ और। तलने के बाद सब मसाले आलुओं में डालकर हल्की आंच पर पकनें दें। पकाने से पहले बर्तन को ढक दें और तब पकाएं। बीच-बीच में आलुओं को चलाते रहें, ताकि आलू पूरी तरह पक जाएं और नरम हो जाएं।

पुदीना-मटर

सामग्री

½ किलो मटर के दाने
1 बारीक कटा प्याज़
½ प्याली पुदीने की चटनी
1-2 बड़े चम्मच तेल
नमक स्वादानुसार

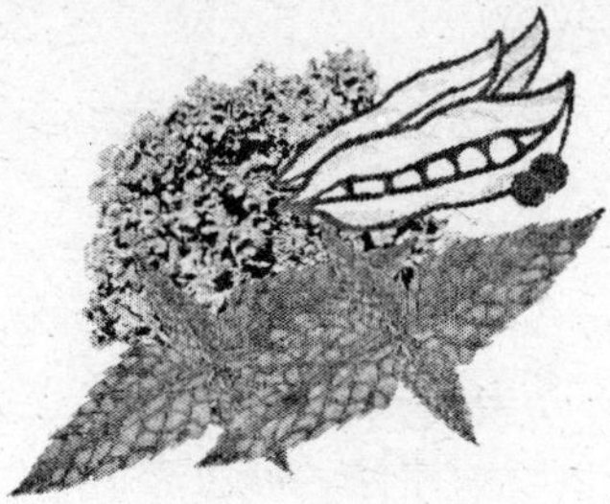

बनाने की विधि

एक कड़ाही में तेल गरम करके उसमें प्याज डालें और 2-3 मिनट तक हल्का भूनें। इसी में मटर के दाने डालकर फिर कुछ मिनट तक हल्का भूनें। इसके बाद इस मिश्रण में पुदीने की चटनी और नमक डालकर बर्तन से ढक दें और धीमी आंच पर तब तक पकाएं जब तक कि मटर का मेल न हो जाएं।

आलू-पुदीना

सामग्री

½ किला छोटे आलू
½ प्याला पुदीने की चटनी
2 बड़े चम्मच तेल
नमक स्वादानुसार

बनाने की विधि

आलुओं को इस प्रकार धोएं कि उनका छिलका सुरक्षित रहे। कड़ाही में घी / तेल गरम करके उसमें आलू डालकर तनिक सुनहरा रंग हो जाने तक हल्का भूनें। इसके बाद पुदीने की चटनी भी डाल दें और ढक दें। सब्जी को तब तक पकाएं जब तक आलू नरम न हो जाएं।

मसाला टिंडा

सामग्री

½ किलो ताज़ा टिंडा (छिलका उतरा और टिंडा कटा हुआ)
½ बड़े चम्मच तेल
1 चुटकीभर हींग
½ चम्मच पिसी हुई हल्दी
नमक स्वादानुसार
मसाले के लिए सामग्री
2 चम्मच अमचूर
1 चम्मच काश्मीरी मिर्च
½ चम्मच काला नमक
3 चम्मच पिसा और भुना जीरा
½ चम्मच गरम मसाला
हरा धनिया बुरकने के लिए

बनाने की विधि

एक कड़ाही में तेल गरम करके उसमें हींग डाल दें और इसे थोड़ा सा कड़कड़ाएँ। इसके बाद इसमें टिंडा डालकर 4-5 मिनट, या तब तक जब तक कि टिंडे जरा से नरम न हो जाएं, हल्का सा भून लें। अब इसमें मसाले डाल कर अच्छी तरह मिला लें और बर्तन को ढक दें। टिंडों को पूरी तरह नरम होने तक आंच पर पकाएं। पूरी तरह पक जाने के बाद हरा धनिया टिंडों पर बुरक दें।

मिर्ची का सालन

रस/कढ़ी तैयार करने के लिए सामग्री

3-4 बारीक कटे प्याज़
½ चम्मच कलौंजी
½ चम्मच पिसा ज़ीरा
4-5 हरी मिर्च
½ चम्मच पिसी लाल मिर्च
2 बड़े चम्मच इमली की लुग्दी
3 शिमला मिर्च (लम्बाई में चार हिस्सों में कटी हुई)
3 बड़ी हरी मिर्च (बीज निकालकर बीच में से कटी हुई)
2 बड़े चम्मच तेल
नारियल की लुग्दी
1 चम्मच तिल

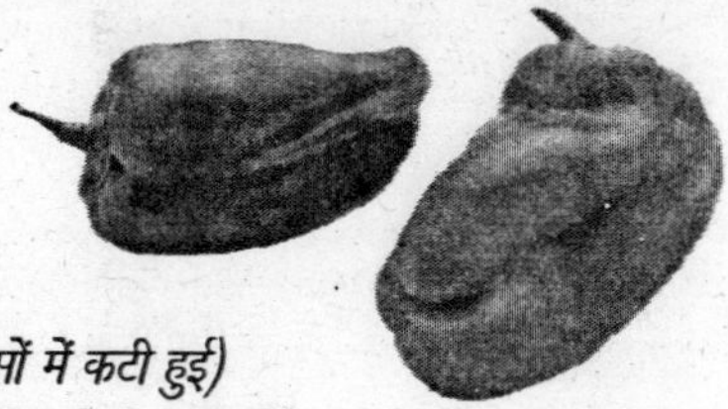

बनाने की विधि

नारियल और तिलों की लुग्दी बनाकर भून लें। शिमला और हरी मिर्च को तेल में थोड़ा सा सुनहरा रंग हो जाने तक तलें। इस मिश्रण को आँच से हटा कर अलग रख दें। एक कड़ाही में तेल डाल कर उसमें कलौंजी के बीज और हरी मिर्च पहले डालें, फिर प्याज डालकर 3-4 मिनट तक, या जब तक प्याज सुनहरा न हो जाए हल्का तलें। इसके बाद नारियल की पिष्टी, मसाले और ज़रा सा पानी डालकर रस / कढ़ी तैयार करें। इसमें तली शिमला मिर्च और हरी मिर्च भी डाल दें और तल लें। इस सारे मिश्रण को उबलने तक आंच पर पड़ा रहने दें। उबलने के बाद इस सब्जी पर ताज़ा हरा धनिया बुरक दें और फिर परोसें।

गाजर और सोये की भाजी

सामग्री

½ किलो छीली और कटी गाजर
1 बड़ा चम्मच बारीक कटा अदरक
1 चुटकीभर हींग
½ चम्मन जीरा के बीज
2 बड़े चम्मच तेल
½ चम्मच पिसा धनिया
½ चम्मच पिसी हल्दी
½ प्याला धोई और कटे हुई सोया की साग
नमक स्वादानुसार

बनाने की विधि

एक कड़ाही में तेल गरम करें और तेल में हींग और ज़ीरे के दाने डालकर थोड़ा सा कड़कड़ा लें। इसी में अदरक डालकर थोड़ा सा कड़कड़ा लें और भून लें। इसके बाद गाजर डालकर 3-4 मिनट तक थोड़ा सा भून ले। बर्तन को ढकने के बाद धीमी आंच पर 3-4 मिनट तक पकाएं। इसके बाद सोया का साग और मसाला डालकर गाजरों को तब तक पकाएं जब तक गाजरें नरम न हो जाएं।

पालक और दही

सामग्री

1 बडा चम्मच तेल

½ चम्मच ज़ीरा साबत

½ चम्मच उड़द की दाल (पानी में भिगोई हुई)

6-7 करी पत्ता

1 सूखी लाल मिर्च

3 बारीक कटे प्याज़

3-4 ताज़ा हरी मिर्च

½ प्याला कसा हुआ नारियल

½ किलो पालक (धोने के बाद बारीक कटा हुआ)

2 प्याला दही (अच्छी तरह मथा हुआ)

नमक स्वादानुसार

बनाने की विधि

कड़ाही में तेल गरम करके उसमें ज़ीरा साबत, उडद की दाल और करी पत्ता डाल कर दो मिनट तक हल्का भूनें। इसके बाद इसमें प्याजा और लाल मिर्च डालकर 1-2 मिनट तक दुबारा हलका भूनें। इसके बाद इस मिश्रण में हरी मिर्च और कसा हुआ नारियल डालने के बाद फिर 2-3 मिनट तक भूनें। अब इसमें पालक और नमक मिला दें और बर्तन को ढकने के बाद धीमी आंच पर 4-5 मिनट तक, या जब तक कि पालक पूरी तरह पक न जाए, पकाएं पकने पर इसमें दही डाल दें और तेज़ आंच पर पकाएं, मगर एक-दो सैकेण्ड मिश्रण को कलछी से अच्छी तरह मिलाने के बार आंच बन्द कर दें। इस तरह तैयार सब्जी को किसी भी पुलाव के साथ परोसें।

हरी फलियाँ और नारियल

सामग्री

½ किलो हरी फलियाँ (छोटे-छोटे टुकड़ों में काटी हुई)
1 बारीक कटी प्याज़
2-3 लहसुन की कलियाँ
½ प्याला कसा हुआ नारियल
1 चम्मच पिसा ज़ीरा
¼ चम्मच पिसी हल्दी
2 बड़े चम्मच तेल
5-6 करी पत्ता
1 चम्मच राई
2-3 साबत लाल मिर्च
नमक स्वादानुसार

बनाने की विधि

प्याज, हरी मिर्च, लहसुन और नारियल को फूड प्रोसैसर में मोटा पीस लें और एक तरफ़ रख दें।

एक कड़ाही में तेल गरम करके सूखी लाल मिर्च, करी पत्ता और राई डालकर थोड़ा सा, कड़कड़ा लें। इसके बाद इसमें प्याज की लुग्दी 3-4 मिनट तक या हल्का भूरा रंग हो जाने तक हल्का तलें। अब इसकमें फलियाँ, मसाले और नमक डाल कर ढकने से ढक दे और धीमी आंचपर तब तक पकाएं जब तक कि फलियां गल न जाएं।

मक्का-नू-शाक (Maka Nu Shaak)

सामग्री

300 ग्राम मकई के दाने (ताजा भुट्टे से उतारे हुए)
1 बड़ा चम्मच साबत ज़ीरा
½ चम्मच कसा हुआ ताज़ा अदरक
2 बारीक कटी हुई हरी मिर्च
½ चम्मच चीनी
½ चम्मच लाल मिर्च पिसी हुई
3 बड़े चम्मच ताज़ा नारियल कसा हुआ
नमक स्वादानुसार
1 प्याला दूध

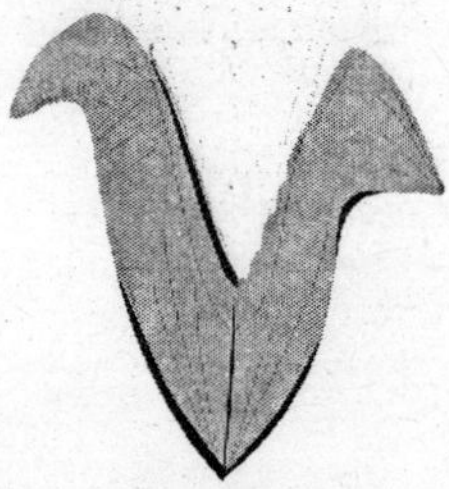

बनाने की विधि

मकई और दूध को हल्का सा मंद आंच पर खौलाएं, परंतु उबाले नहीं। जब तक पूरा दूध शुष्क होकर चौथाई हिस्से तक न रह जाए तब तक हल्की आंच पर ही गरम होने दें।

कड़ाही में तेल डाल कर गरम करे और इसमें ज़ीरा साबत और अदरक डालकर कुछ क्षण तक भूनें। इसके बाद इसमें मिर्च, मकई और नमक डालकर कुछ क्षण तक फिर हल्का सा तले। इसके बाद इसमें नारियल भी डाल दें और कुछ क्षण तक हल्का तलें। बाद में इस पर हरा धनिया बुरक दें और गरम ही परोसे।

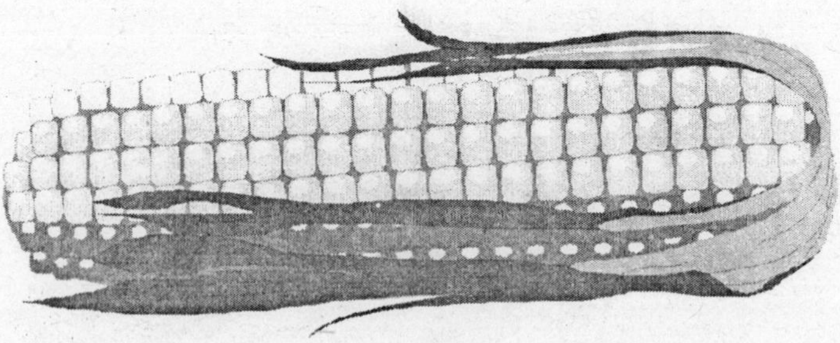

अखरोट का रायता (चटनी)

सामग्री

1 कप अखरोट, मोटा दरदराड़ा हुआ
2 प्याला मथा हुआ दही
1 चम्मच पिसी हुई लाल मिर्च
1 चम्मच चाट मसाला
नमक स्वादानुसार
1 चुटकीभर चीनी

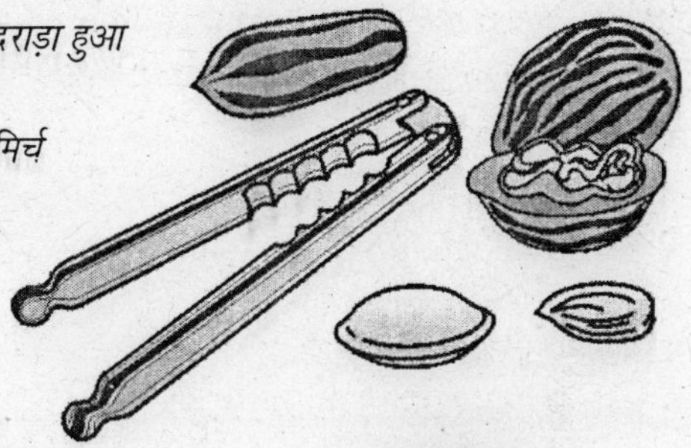

बनाने की विधि

सभी पदार्थो को आपस में मिलाएं और फिर परोसें।

मूली का रायता

सामग्री

2 मूली बारीक कद्दूकस की हुई
2 बडा चम्मच हरा धनिया, कटा हुआ
½ चम्मच पिसी हुई लाल मिर्च
2 हरी मिर्च बारीक कटी
½ किलो दही, मथा हुआ
½ चम्मच चाट मसाला

बनाने की विधि

सभी पदार्थो का परस्पर मिला लें और तब परोसें।

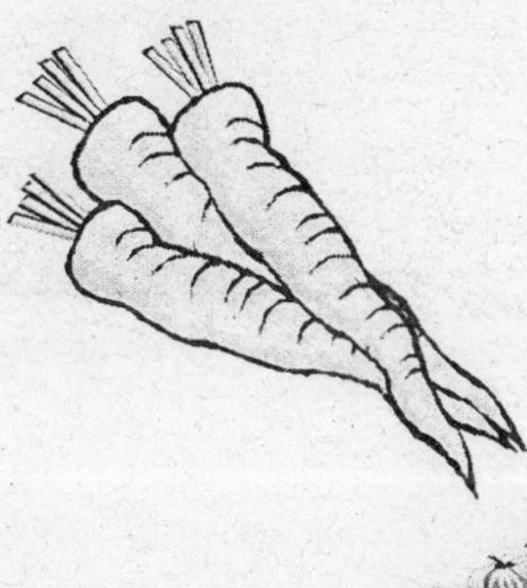

खसखस में बनी पनीर की कढ़ी

सामग्री

200 ग्राम घर का पनीर चौकोर टुकड़ों में काटने के बाद तला हुआ

1 बडा चम्मच बारीक कटा धनिया

½ प्याला प्याज कटे हुए

¼ चम्मच हल्दी पिसी

¼ चम्मच पिसी लाल मिर्च

2-3 बडी इलायची पिसी हुई।

½ प्याला दही

2, 3 काटे हुए टमाटर

¼ चम्मच गरम मसाला

2-3 बडे चम्मच तेल

पेस्ट (पिष्टी)बनाने के लिए सामग्री

¼ कसा हुआ खसखस

6-8 काजू के दाने

2 बडे चम्मच खसखस

2-3 हरी मिर्च

बनाने की विधि

एक कड़ाही में तेल डालकर कर थोड़ा सा गरम करने के बाद इसमें प्याज और इलायची डालकर तब तक पकाएं जब तक प्याज का गुलाबी भूरा रंग न हो जाए। पिष्ठी तैयार करने के लिए सारी वस्तुओं को मिला कर पिष्ठी तैयार करें और उसे प्याज़ में डालकर अच्छी तरह मिश्रित करें। इस मिश्रण को हिलाएँ और 2-3 मिनट तक हल्का तलें। अब इसमें दही और बाकी सब मसाले भी डाल दें और कुछ समय तक दुबारा हल्का तलें। इस मिश्रण का गाढ़ा रस तैयार करें और और फिर घर का बना पनीर डालें और 3-4 मिनट तक पकाएं। जब पूरी तरह पक जाए तो इसके ऊपर गरम मसाला और कटा हुआ हरा धनिया ऊपर से बुरक दें और तब परोसें।

शाही पनीर

सामग्री

½ किलो लाल पके टमाटर
1 बड़ा चम्मच अदरक और लहसुन की पिष्टी
2, 3 लौंग्
1 चुटकरभर खाने वाला तंदूरी रंग
½ किलो घर का पनीर (टुकड़ों के कटा हुआ)
1 बड़ा चम्मच क्रीम / मलाई
1½ चम्मच पिसी हुई लाल मिर्च
1½ चम्मच चीनी
½ चम्मच पिसा हुआ धनिया
½ चम्मच गरम मसाला
नमक स्वादानुसार
2 बड़े चम्मच तेल

बनाने की विधि

टमाटर को गरम पानी में उबालें और इनका छिल्का उतार लें और फिर इनका गूदा मथ कर गाढ़ा रस तैयार कर लें। कड़ाही में घी डालकर थोड़ा सा गरम करके इसमें लौंग डालकर थोड़ा सा कड़कड़ा लें। इसके बाद इसमें टमाटर, लहसुन और अदरक डालकर 3-4 मिनट तक हल्का भून लें। अब इस तले मिश्रण में बाकी के सभी मसाले और चीनी मिला कर 3-4 मिनट तक पकाएँ। पकने के बाद इसमें रंग डालकर अच्छी तरह हिलाएं। फिर इसमें पनीर डालकर दुबारा 3-4 मिनट तक और पकाएं। इस में अब नमक डालकर भली प्रकार एकजान कर लें। परोसने से पहले इस पर क्रीम डाले दें।

आलू मोतिया टिक्का

सामग्री

200 ग्राम आलू
50 ग्राम साबूदाना
1 बड़ा चम्मच अदरक
3, 4 बारीक कटी हरी मिर्च
¼चम्मच पिसी लाल मिर्च
½ चम्मच पिसा और भुना जीरा
2 बड़े चम्मच हरा धनिया
नमक स्वादानुसार
तेल गहरा तलने के लिए

बनाने की विधि

आलू उबाल कर कद्दूकस कर लें। साबूदाना एक घंटा पानी में भिगोने के बाद निचोड़ लें और तब बाकी की सामग्री में डालकर एकजान कर लें। इस मिश्रण की छोटी गोलियां बनाएं और फिर हाथ से चपटा कर लें। इसके बाद इन्हें गहरा तले और जब सुनहरी लाल रंग की हो जाए तो आंच पर उतार लें।

आम की चटनी

सासग्री

½ किलो अधपके आम (कसे हुए)
भूनने के लिए सामग्री
4, 5 सूखी हुर्द साबत लाल मिर्च
5 ग्राम उड़द की दाल
5 ग्राम धनिया साबत
5 ग्राम मेथी के बीज
50 ग्राम गुड
¼ चम्मच पिसी हल्दी
1 बड़ा चम्मच सरसों का तेल (पहले से धुआं निकला हुआ।)
नमक स्वादानुसार

बनाने की विधि

एक बर्तन / कड़ाही में एक-एक करके सभी पदार्थों को अलग अलग ग्राइन्डर में पीस लें और एक चुटकीभर हल्दी भी डाल दें। सरसों के तेल को थोड़ा सा गरम करें और इसमें हींग डालकर कड़कड़ाएं। अब इसमें आम के कसे हुए लच्छे टुकड़े डाल कर 5 मिनट तक हल्का तलें। तलने के बाद इसमें गुड़ और सारे भुने पदार्थ भी डाल दें। इसमें ¼ प्याला पानी डालकर तब तक पकाएं, जब तक कि आम नरम न हो जाये और रसा न बन जाय।

उत्तप्पम्

सामग्री

500 ग्राम उबले हुए चावल
250 ग्राम उड़द की दाल
4-5 बारीक कटे प्याज़
4-5 हरी मिर्च
5 ग्राम बारीक कटा अदरक
2 बडे चम्मच कटा हुआ हरा धनिया
100 एम. एल. तेल

बनाने की विधि

चावल और उड़द की दाल को अलग बर्तन में रात भर पानी में भिगोए रखें। सुबह दोनों को अलग पीस कर चिकनी पिष्टी तैयार कर लें। दोनों को मिलाकर मथें (थोड़ा सा नमक डालने के बाद) और हल करें ताकि गाढ़ी लस्सी बन जाय। अब इसे पूरा दिनभर रखे रहने दे ताकि खमीर बन जाए। ख़मीर तैयार हो जाय इसमें बाकी सभी पदार्थ डाल [illegible] एकजान कर लें। यदि घोल अधिक गाढ़ा हो तो थोड़ा-सा पानी भी इसमें डाल दें। एक तवा लेकर उसे गरम करें और कपड़े की सहायता से तेल तवे पर लगाएँ। इस मिश्रण में से एक कटोरी निकाल कर तवे पर डालकर कटोरी से चारों ओर फैला दें। जैसे ही उत्तपम फूलने लगे इस पर थोड़ा सा तेल चुपड़ दें और इसे गोल घुमाएँ ताकि तेल सभी ओर लग जाए। इसे दोनों ओर से पकाएँ। इसे नारियल की चटनी और सांभर के साथ खाँए और खिलाएँ।

बटाटा वड़ा

सामग्री

4-5 मथे हुए आलू
100 ग्राम उड़द की दाल (पानी में भिगोई हुई)
2 चम्मच कटा हुआ अदरक
2 चम्मच कटी हुई हरी मिर्च
2-3 चम्मच करी पत्ता
तलने के लिए तेल
1 चुटकीभर हींग
नमक स्वादानुसार

बनाने की विधि

उड़द की दाल की गाढ़ी पिष्टी बना लें। इसमें मथे हुए आलू, लाल मिर्च, करी पत्ता, अदरक और हींग मिला दें। इस मिश्रण की सभी चीजें अच्छी तरह मिलाने के बाद एक घंटा तक यूं ही रखा रखें। इसके बापद इसके छोटे छोटे गोले बनाकर सामान्य गरम तेल में सुनहरी भूरा रंग होने तक तलें। इन वड़ो को पुदीने की चटनी के साथ खाएं।

खट्टे बैंगन (काश्मीरी)

सामग्री

½ किलो छोटे साइज़ के बैंगन
2 बडा चम्मच इमली का घोल / रस
½ चम्मच पिसी लाल मिर्च
2 बड़े चम्मच पिसी सौंफ़
2-3 लौंग
½ चम्मच सोंठ (पिसी)
½ चम्मच गरम मसाला
1 बडा चम्मच तेल
तेल गहरा तलने के लिए
नमक स्वादानुसार

बनाने की विधि

बैंगन के ऊपर का हिस्सा अलग किए बिना प्रत्येक बैगन को चार हिस्सों में कटाव डालें। एक कड़ाही में तेल डाल कर गरम करें और उसमें बैंगन तल लें। तलने के बाद बैंगनों को अलग रख दें। एक दूसरी कड़ाही में तेल डालें और उसमें चीनी, लाल मिर्च डालने के बाद दो बड़े चम्मच पानी डाल कर थोड़ा सा कड़कड़ा लें। इसके बाद इसमें इमली का घोल और मसाले डालकर कुछ देर तक पकाएं, और फिर तले हुए बैंगन इसमें डालकर ¼ प्याला पानी डालकर ढक दें और 3-4 मिनट तक मंद आंच पर 3-4 मिनट तक, या जब तक रस गाढ़ा न हो जाये, पकने दें। पकने के बाद इस पर गरम मसाला बुरक दें।

खट्टे बैंगन और पालक कमल कंद के साथ

इडली सांभर

कमल-ककड़ी के साथ पालक की सब्जी
(Spinach with Lotus Stem)

सामग्री

1 गुच्छा पालक का साग (धोया और कटा हुआ)
½ चम्मच पिसी हुई लाल मिर्च
1 कमल-ककड़ी, धोई और छीली हुई।
1 चुटकीभर हींग
½ चम्मच पिसा धनिया
नमक स्वादानुसार
2-3 चम्मच तेल

बनाने की विधि

¼ प्यालाभर पानी में पालक, थोड़ा सा नमक और तेल डाल कर उबालें। उबाल कर इसे अच्छी तरह मथ लें और अलग रख दें। कमल ककड़ी को छोटे छोटे गोलाकार टुकड़ों में काट लें। एक अलग कड़ाही में तेल गरम करके उसमें थोड़ा सा हींग डालकर कड़कड़ाएं। अब इसमें कमलककड़ी के टुकड़े डालकर 4-5 मिनट, या तब तक जब तक कि इसके टुकड़े नरम न हो जाएं (लेकिन फिर भी करके हो) । इसमें पहले मसाले, फिर मथा हुआ पालक डालें और कुछ मिनट तक. या जब तक पानी सूख न जाए, तलें। इसे उबले हुए चावलों के साथ परोसें।

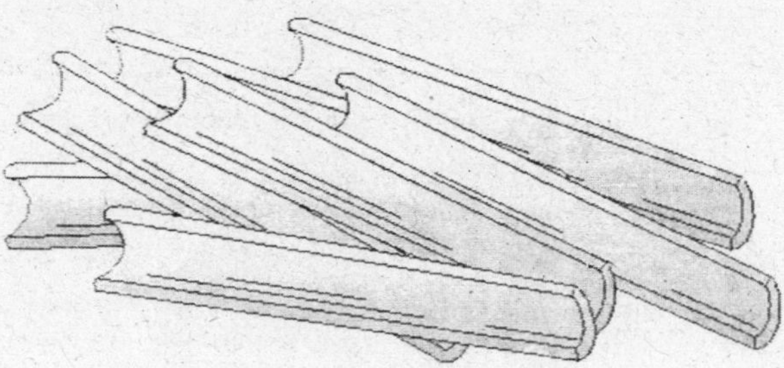

सांबर

सामग्री

100 ग्राम अरहर की दाल

1 चुटकीभर हींग

2 बारीक कटे टमाटर

3-4 सहजने की फलियाँ

4-5 गोभी के फूल

पेस्ट बनाने के लिए सामग्री

3-4 साबुत लाल मिर्च

7-8 दाने साबत धनिया

½ चम्मच पिसा जीरा

नमक स्वादानुसार

अनुकूलन (टैम्परिंग) के लिए सामग्री

1 बड़ा चम्मच तेल

¼ चम्मच राई के दाने

6-7 करी पत्ता

½ प्याला इमली की पेस्ट

1 चम्मच पिसी हल्दी

½ चम्मच मेथी साबत

बनाने की विधि

अरहर की दाल में मेथी और नमक डालकर पका लें। मेथी, लाल मिर्च, ज़ीरा और धनिया को भूनने के बाद पेस्ट में परिवर्तित कर लें। अब इस पेस्ट में अरहर की उबली हुई दाल मिला दें, साथ ही सहजने की फली और गोभी के फूल के छोटे-छोटे टुकड़े, इमली, टमाटर और पानी डालकर 5-10 मिनट तक पकाएँ। पक जाने पर तेल, राई, करी पत्ता हींग और लाल मिर्च से टैम्पर कर दें।

पुदीने की चटनी

सामग्री

1 प्याला पुदीना के पत्ते (धोए और कटे हुए)
12 प्याला ताज़ा धनिया
1 चम्मच अनारदाना या ताजा आम का गूदा
2-3 हरी मिर्च (जिनका बीज निकाल दें)

बनाने की विधि

बलैन्डर में सभी पदार्थ डाल दें और तब तक मिलाएं और जब तक मुलायम बारीक न पिस जाये। इस चटनी को पकौड़ा, पापड़ आदि के साथ प्रयोग करें।

विकल्प — ऊपर लिखी चीज़ों के साथ दो बड़ा चम्मच दही डालकर भली प्रकार हल कर दें। इसे नान और तंदूरी व्यंजनों के साथ प्रयोग में लाएं।

दाल़अमृतसरी

सामग्री

1 प्याला उड़द की दाल
100 ग्राम मक्खन
नमक स्वादानुसार
½ प्याला कसे हुए प्याज
1 प्याला दूध
1¼ प्याला काबली चना (चिक पीज़)
2 बड़े चम्मच लहसुन की पिष्टी
2 बड़े चम्मच लहसुन की पिष्टी
100 ग्राम टमाटर, कटे हुए
2 बड़े चम्मच तेल

बनाने की विधि

सभी दालों को पनीर में डालकर रातभर भिगोए रखें। एक कुकर में 2 प्याला पानी के साथ एक प्याला दूध डालकर इसी में दाले डाल दें और जब तक पूरी तरह नरम होकर पक न जाएं तब तक पकाएँ।

एक बर्तन में तेल गरम करके इसमें प्याज डालें और 5-6 मिनट तक, या जब तक सुनहरा रंग न हो, जाये हल्का भूनते रहें। प्याज भूनने के बाद इसमें टमाटर डालकर 5-6 मिनट तक और पकाएँ। इसके बाद इसमें मसाले छोड़ दे और कुछ क्षण तक पकाएँ। अब इसी में पकाई हुई दाल डालकर 5-10 मिनट तक धीमी आंच पर पकाएं। पक जाने पर इसमें मक्खन डाल दें। परोसने से पहले इस पर एक बड़ा चम्मच क्रीम डाल दें।

पुदीने में बना घीयाकद्दू

सामग्री

½ किलो कद्दू (टुकड़ों में काटा हुआ)
½ चम्मच पिसा धनिया (पाउडर)
½ चम्मच चीनी
½ चम्मच गरम मसाला
½ चम्मच साबत ज़ीरा
2 साबत हरी मिर्च
(बीडा निकलता हुआ)
½ प्याला पुदीना के पत्ते
¼ चम्मच सौंठ
1 चम्मच पिसी लाल मिर्च
नमक स्वादानुसार
2 बड़े चम्मच सरसों का तेल
(पहले से की पकाया हुआ)

विधि

कड़ाही में घी गरम करें और उसमें जीरा डालकर थोड़ा सा कड़कड़ा लें। इसमें घीया के टुकड़े डालकर 3-4 मिनट तक पकाने के बाद ढक दें और मंद आंच पर पकाएं। इसके बाद मसाले और पुदीने के पत्ते डाल कर ढक दें और 4-5 मिनट तक या जब तक, कद्दू पक न जाए, पकाएं। इसके बाद इस में हरी मिर्च मिलाकर भली प्रकार कल्छी से मिला दें।

पुदीने के साथ अमृतसरी दाल एवं लौकी

चना मसाला

चने की कढ़ी

सामग्री

250 ग्राम काबली चना (चिक पीज़)
2 तेज पत्ता
1 चम्मच चना मसाला
½ लम्बी दालचीनी की डंडी
1 चम्मच पिसा धनिया (पाउडर)
नमक स्वादानुसार
1 चम्मच गरम मसाला
1 चम्मच अदरक की पिष्टी
1 चम्मच मिर्च का पाउडर
1 चाय की थैली (टी-बैग)
छोटी इलायची

बनाने की विधि

चने को साफ करके धोएं और रात भर पानी में डुबाए रखें। एक कुकर में 2 लीटर पानी डालकर इसमें तेज पत्ता, दालचीनी, छोटी इलायची और काबली चना डालकर उबालें। इसमें टी-बैग डालकर 4 मिनट तक उबलने दें और फिर इसके बाद टी-बैग निकाल लें। जब तक चना पकने के बाद कोमल न हो जाए, प्रैशर कुकर में ही रखा रहने दें।

एक कड़ाही में तेल गरम करें और इसमें अदरक, लहसुन डालकर हल्का तलें। अब इसी में लाल मिर्च, गरम मसाला, पिसा धनिया, नमक, चना, गरम मसाला, और पका हुआ काबली चना डाल कर 5 मिनट तक उबाले। पकने के बाद इस पर ½ प्याला कटे प्याज और नींबू का रस डाल दें।

हरा टिक्का

सामग्री

½ किलो घर का पनीर (इस के 1" x 1" के चौकोर टुकड़े काट लें)
1 प्याला पुदीने की चटनी
½ चम्मच गरम मसाला
नमक स्वादानुसार
1 बड़ा चम्मच आमुल मक्खन (पिघला हुआ) — चुपड़ने के लिये

बनाने की विधि

सभी वस्तुओं को आपस में मिलाकर एक घंटा अलग पड़ा रहने दें। ओवन के 180° पर पहले ही तपाएं या जब तक कि गरम न हो जाए। एक लोहे की सलाख पर 5-5 से. मी. के फ़ासले पर पनीर के कटे टुकड़े लटका दें और भूरा होने तक इन्हें भूनें।

प्लेट में रखने के बाद इन टुकड़ों पर गरम मसाला और नींबू का रस डाल दें।

पनीर शस्लिक (Paneer Shaslik)

सामग्री

½ किलो घर का पनीर (1"x 1" आकार के टुकड़ों में काटा हुआ)

1 बड़ा चम्मच आमूल मक्खन (चुपड़ने के काम के लिए)

2 शिमला मिर्च (बीज निकालकर 1"x 1" आकार के टुकड़ों में कटी)

3 प्याज़ (प्रत्येक को चार-चार टुकड़ों में काटे)

मैरीनेशन के लिए सामग्री

½ प्याला लटकाया हुआ दही (मठा)

1 चुटकीभर तंदूरी रंग (खाने वाला)

½ चम्मच लाल मिर्च का पाउडर

½ चम्म गरम मसाला

½ चम्मच पिसा हुआ धनिया पाउडर

1 चम्मच अदरक की पिष्ठी/पेस्ट

1 चम्मव लहसुन की पिष्टी/पेस्ट

बनाने की विधि

मैरिनेशन के लिए लिखे गए सभी तत्वों को मिलाकर लस्सी की भांति तैयार कर लें। इसके बाद इसमें शिमला मिर्च, प्याज़, लटकाया हुआ पनीर डालकर अच्छी तरह 'कोट' करें (लीप लें) और एक घंटे तक अलग पड़ा रहने दें।

दो-दो सी.मी. का फ़ासला छोड़कर पहले पनीर, प्याज़ और फिर शिमला मिर्च को क्रम से एक सीख पर गोद कर खुभा दें। अब 180° पर पहले से तपाए हुए ओवन पर 10 मिनट तक, या जव तक टुकडे सुनहरे रंग के न हो जाएं, भूनें। बीच-बीच में इन टुकड़ों पर मक्खन जरूर चुपड़ते रहें।

भुन जाने पर इन पर धनिया पत्ता, चाट मसाला और नींबू का रस डालकर सजाएं और गरमागरम परोसें।

मेथी चमन

सामग्री

1 बड़ा चम्मच तेल
1 प्याला ताजा हरी मेथी के पत्ते
1 प्याला पालक का साग (पत्ते)
½ किलो लटकाया हुआ (घर का) पनीर
1 चम्मच बारीक कटा हुआ अदरक
1 चम्मच लाल मिर्च का पाउडर
½ चम्मच धनिया का पाउडर
½ चम्मच गरम मसाला
नमक स्वादानुसार

बनाने की विधि

हरी मेथी और पालक के साग को धोकर साफ़ कर लें और नमकीन गरम पानी में पांच मिनट तक उबालें। उबलने के बाद पानी से बाहर निकाल लें और सारा पानी निकाल दें। इसे एक मिक्सर में डालकर खूब बारीक करे ताकि पेस्ट बन जाए।

एक कड़ाही में तेल गरम करें और अदरक डालकर 1 मिनट तक हल्का भूने और फिर पनीर डालकर 3-4 मिनट तक फिर तलें। इसमें फिर मसाले और पालक की लुग्दी डालकर ऊपर से नमक भी डाल दें और 3-4 मिनट तक धीमी आंच पर पकाएं और फिर तेज़ आंच पर तब तक पकाएं जब तक कि अनावश्यक जल सूख न जाए। इसे धनिये से बुरकने के बाद खाएं और खिलाएं।

पनीर दो-प्याज़ा

सामग्री

½ किलो घर का लटकाया हुआ पनीर
½ किलो छोटे प्याज़ (प्रत्येक चार चार टुकड़ों में काटे)
100 ग्राम शिमला मिर्च, चौकोर टुकड़ों में कटी हुई।
¼ चम्मच साबत ज़ीरा
1 चम्मच गरम मसाला
½ चम्मच लाल मिर्च का पाउडर
½ चम्मच हल्दी का पाउडर
½ चम्मच भुना हुआ ज़ीरे का पाउडर
2 टमाटर चौकोर कटे हुए
नमक स्वादानुसार
2 बड़े चम्मच तेल

बनाने की विधि

कड़ाही में तेल गरम करके उसमें ज़ीरे के बीज (दाने) हल्के भूनने के बाद कड़कड़ाएं। इसमें प्याज डालकर 3-4 मिनट तक हल्का भूनें। अब इसी में शिमला मिर्च और मसाले डालने के बाद 3-4 मिनट तक हल्का तलें। इसके बाद पनीर और टमाटर डालकर 4-5 मिनट तक या जब तक रस सूख न जाय तेज़ आंच पर पकाएं। पकने के बाद इस पर 1 बड़ा चम्मच क्रीम और एक चुटकी गरम मसाला डालने के बाद परोसें।

मलाई कोफ़्ता

कोफ़्ता बनाने के लिए सामग्री

½ किलो आलू
1 बड़ी गाजर कद्दूकस करके निचोड़ी हुई
1 बड़ा चम्मच मक्की का आटा
½ प्याला छीले हुए बादाम
तेल गहरा भूनने के लिए
1 बड़ा चम्मच मक्की का आटा
150 ग्राम घर का पनीर, कद्दूकस किया हुआ
नमक और काली मिर्च स्वादानुसार
1 ताज़ा नींबू

रस तैयार करने के लिए सामग्री

3 प्याज़ कटे हुए और उनकी प्यूरी (रस)
1 बड़ा चम्मच लहसुन और अदरक की पेस्ट / पिष्टी
नमक स्वादानुसार
½ चम्मच लाल मिर्च पिसी
1 बड़ा टमाटर छिला हुआ
½ चम्मच पिसी हल्दी
60 एम.एल. हैवी क्रीम
½ प्याला काजू की पिष्टी

मसाले के लिए सामग्री

4 साबुत लौंग
1 चम्मच सूखी लाल मिर्च की फ़्लेक्स
½ चम्मच साबुत धनिया
पिसी हुई काली मिर्च आवश्यकतानुसार
2 हरी छोटी इलायची
½ चम्मच साबुत ज़ीरा
2 तेज पत्ता

बनाने की विधि

आलू उबालकर उनके छिलके उतारें और मथ लें। इसमें पनीर, मक्की का निशास्ता (स्टार्च), नमक, बादाम और नींबू रस ब्लैन्डर में डालकर बारीक कर लें। इस मिश्रण से कोफ़्ते बनाकर तब तक तले जब तक वे सुनहरी भूरे रेग के न हो जाएं। इन्हे एक परोसने वाली प्लेट में अलग रखे दें।

सादा रस तैयार करने की विधि।

एक कड़ाही में तेल गरम करके उसमें सारे मसाले पूरी मात्रा में डालकर 30 सेकेण्ड तक हल्का भूनें। इसके बाद इसमें अदरक-लहसुंन की पेस्ट डालें और भूरा रंग हो जाने तक हल्का तलें भूनें। अब इस मिश्रण में टमाटर और बाकी मसाले डाल दें और साथ ही काजू का पेस्ट भी डालकर 5 मिनट तक भूनें। इस रस को गाढ़ा करके कोफ़्तों वाली प्लेट पर के ऊपर डाल दें। क्रीम और गरम मसाला ऊपर से डालने के बाद परोसें।

ब्रेड़-पुलाव

सामग्री

6-7 पाव रोटी (ब्रेड) के टुकडे (2" x 2" साइज में कटे हुए)
1 बड़ा चम्मच घी या तेल
3-4 बारीक कटी हरी मिर्च
4-5 करी पत्ता
¼ चम्मच राई के दाने
½ चम्मच हल्दी पाउडर
½ चम्मच लाल मिर्च (पिसी हुई)
नमक स्वादानुसार

बनाने की विधि

एक कड़ाही में घी या तेल गरम करके उसमें राई के दाने डालें और फूलने दें, इसमें फिर करी पत्ता और मसाले और फिर ¼ पानी का प्याला डालकर उबालें। इसके बाद इसमें ब्रेड में काटे हुए टुकड़े डालकर चलाएं और 4-5 मिनट तक या जब तक टुकड़े पर पतली परत का रंग न चढ़ जाए तब तक पकाएं। पकने पर आंच से उतार लें और टमाटर की चटनी के साथ सेवन करें।

आलू-करेले की भाजी

सामग्री

3 आलू (चौकोर टुकड़ों में काटे)
4 करेले (गोलाकार टुकड़ों में काटे हुए)
2 प्याज लम्बाई की सीध में काटे हुए
2 टमाटर किनारीदार काटे हुए
1 चम्मच धनिया का पाउडर
½ चम्मच हल्दी का पाउडर
¼ चम्मच सोंठ का पाउडर
नमक स्वादानुसार

बनाने की विधि

आलू और करेलों को गहरा भूनें और एक ओर अलग रख दें। एक कड़ाही में तेल गरम करके उसमें प्याज़ डालें और 3-4 मिनट तक हल्का भूनें। अब इस प्याज में मसालों और तली सब्जियां डाल दें और 3-4 मिनट तक फिर हल्का तलें। अब इस मिश्रण में टमाटर डालकर अच्छी तरह हिला दें और बिना ढके 3-4 मिनट तक पकाएं और बीजरहित मिर्च, और ताज़े धनिए से सजाएं।

आलू पोस्ता

सामग्री

½ किलो आलू
½ चम्मच लाल मिर्च का पाउडर
4-5 साबत हरी मिर्च
3-4 सूखी साबत लाल मिर्च
½ प्याला खसखस के दानों की पिष्टी
½ चम्मच पिसी हुई हल्दी
1 चम्मच कलौंजी के बीज
½ चम्मच पिसी लाल मिर्च
नमक स्वादानुसार
2 बड़े चम्मच सरसों का तेल (पहले से पकाया हुआ)

बनाने की विधि

आलू धोकर छील लें और छोटे छोटे टुकड़ों में चौकोर काट लें। एक कड़ाही में तेल गरम करके कलौंजी के बीज डालकर थोड़ा सा कड़कड़ाएं। इसमें साबत मिर्च डाल कर कुछ क्षण भूनें। इसके बाद आलू डालकर सुनहरा रंग होने धक अधपका पकाएं। अब इसमें खसखस की पेस्ट और वाकी के सारे मसाले डालकर ढक दें, जिसे 5-10 मिनट तक धीमी आंच पर पकाएं, परंतु 4 चम्मच (20 एम. एल.) पानी भी साथ ही डाल दें। तब तक पकाएं जब तक आलू नरम न हो जाएँ और पानी का अधिकाश भाग सब्ज़ी आत्मसात् न कर लें।

आलू-शिमला मिर्च

सामग्री

½ किलो आलू (धोने के बाद छिलका उतारें)
4 शिमला मिर्च, चौकोर टुकड़ों में कटी हुई
2 बड़ा चम्मच तेल
½ चम्मच सोंठ का पाउडर
½ चम्मच पिसी हल्दी
½ चम्मच पिसी हुई लाल मिर्च
¼ चम्मच गरम मसाला
नमक स्वादानुसार
½ चम्मच जीरा साबत

बनाने की विधि

कड़ाई में तेल गरम करें और जीरा कड़कड़ाएं। अब टमाटर डालकर हिलाएं और 3-4 मिनट तक, या जब तक थोड़ा भूरा रंग न हो जाय, भूनें। अब इसे ढककन से ढक कर मंद आंच पर 5 मिनट तक पकाएं। इसमें मसाले और शिमला मिर्च डालकर अच्छी तरह मिला दें। बर्तन को ढकने के बाद सब्जी तब तक पकाएँ जब तक आलू गल न जाएं। तैयार हो जाने पर इस पर हरा धनिया बुरक दें।

बैंगन भुरता

सामग्री

1 चम्मच कटा अदरक
1 बड़ा गोल बैंगन
2 कटे प्याज़
2 कटे टमाटर
½ चम्मच पिसी लाल मिर्च
½ चम्मच पिसा धनिया
1½ चम्मच पिसी हल्दी
1 चम्मच गरम मसाला
2 हरी मिर्च (बीच में से कटी हुई)
2 बड़े चम्मच ताजा हरा धनिया
नमक स्वादानुसार
2 बड़े चम्मच तेल

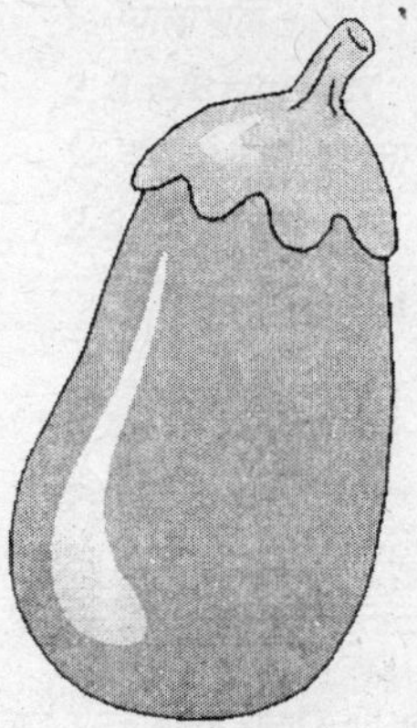

बनाने की विधि

बैंगन तब तक भूनें जब तक वे अंदर से नरम और बाहर से जल नहीं ज़ाते, अर्थात भूनने के बाद रंग काला हो जायेगा। पूरी तरह भुन जाने पर छिलका उतार कर अलग रख दें, एक कड़ाही में तेल थोड़ा सा गर्म करें और उसमें प्याज़ और अदरक डालकर कुछ क्षण तक हल्का तलें। अब इसमें टमाटर डाल दें और फिर 2-3 मिनट तक हल्का भूनें। इस मिश्रण में मथा हुआ बैंगन का भुरता, मसाले और हरा धनिया और हरी मिर्च डालकर कुछ क्षण तक फिर तलें।

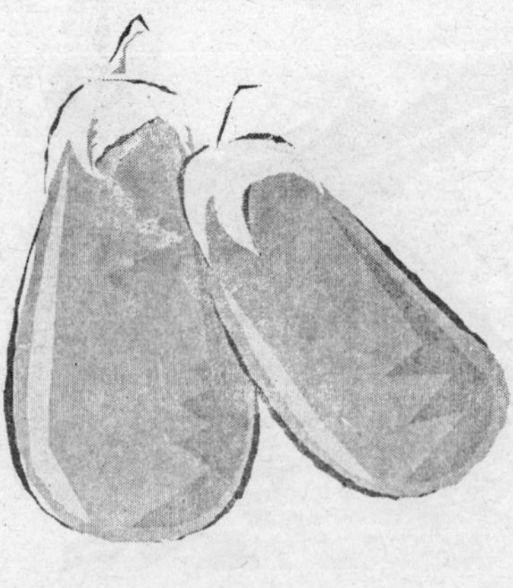

कढ़ी

सामग्री

3 प्याला सादा दही
1 प्याला बेसन
¼ चम्मच साबत जीरा
¼ चम्मच कलौंजी के बीज
¼ चम्मच मेथी के दाने
2-3 साबत लाल मिर्च
1 चम्मच पिसी हल्दी
नमक स्वादानुसार
1 बड़ा चम्मच तेल

पकौड़ी के लिए सामग्री डम्पलिंग

1 प्याला बेसन
¼ चम्मच सोडा बाई कार्ब
1½ प्याला सादा दही
2 आलू (पतले, बारीक गोलाकार टुकड़ों में कटे हुए)
नमक स्वादानुसार
तेल घना तलने के लिए

बनाने की विधि

एक बड़े कटोरे में दही मथें जब कि तक वह नरम न हो जाये। इसमें 5-6 प्याला पानी धीरे धीरे डालते जाए। बेसन में मथा थोड़ा सा दही मिला कर नरम कर लें और इसे मथे दही वाले कटोरे में मिलाएं। इसे फेंटते रहें ताकि गांठ न बनने पाए। एक कड़ाही में तेल गरम करके उसमें साबत जीरा, कलौंजी के बीज, धनिया और लाल मिर्च और दही का घोल इसमें मिला कर लगातार चलाते रहें। इसमें अब नमक डालें और धीमी आंच पर 15-20 तक पकाएं। जब कढ़ी पक रही हो तो 'डम्पलिंग' तैयार कर लें।

एक कटोरे में बेसन चना, नमक, सोडा, डाल कर ठीक से मिलाएं। इसमें धीरे-धीरे 'दही' डालते हुए मिला दें। 5-10 मिनट तक इस घोल को मथें ताकि लस्सी जैसा तैयार हो जाए। इतना मथें कि घोल उंगली पर लगने से हल्का टपक सके एक कड़ाही में तेल गरम करें। घोल में आलू डालकर घोल लिपटने दे। एक-एक करके तेल में डालते रहे। पकौडों को उलट पलट करते रहें और सुर्ख हो जाने तक धीमी आंच पर ही पकाएं। एक परोसने वाले कटोरे (बाऊल) में पकौड़े डाल कर उसके ऊपर गरम कढ़ी डाल दे और तब परोसें।

बघार-बैंगन

सामग्री

½ किलो मध्यम आकार के बैंगन
½ प्याला कसा हुआ नारियल
1 बड़ा चम्मच कटा अदरक-लहसुन
¼ चम्मच पिसा ज़ीरा
¼ चम्मच धनिया का पाउडर
1 चम्मच पिसी लाल मिर्च
2 चम्मच तिल का बीज
50 ग्राम इमली
¼ चम्मच पिसी हल्दी
3-4 कटे हुए प्याज़
½ प्याला तेल
नमक स्वादानुसार

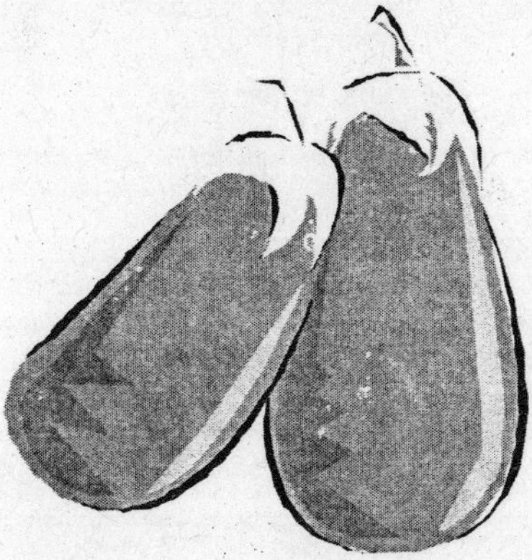

बनाने की विधि

इमली का घोल तैयार करके एक ओर रख दें। ऊपरी सिरे को अलग किये बिना (ठंठल वाला भाग) प्रत्येक बैंगन को चार भागों में काटें। तिल और नारियल को भूनें और थोड़ा सा पानी डालकर पिष्ठी तैयार कर ले। अब पिसा धनिया और पिसी लाल मिर्च इस पिष्ठी में डाल दें।

एक बर्तन में तेल डालकर गरम करें और इसमें बैंगन तल कर अलग रख दें। एक कड़ाही में बड़ा चम्मच तेल डालकर गरम करें और उसमें मेथी के बीज इतना तलें ताकि वे कड़कड़ाने लग जाएं। अब इसमें प्याज़ डालकर 2-3 मिनट तक तलें और इसमें अदरक और लहसुन डाल कर कुछ सैकेण्ड तक फिर हलका तलें। अब इस तले मिश्रण में मसाले, पिष्टी, इमली का घोल, ¼ प्याला पानी, तले हुए बैंगन डालने के बाद ढक दें और 4-5 मिनट तक धीमी आंच तक पकाएं। यदि आवश्यक समझें बीच बीच में पलटते रहे। तैयार हो जाने पर इस पर हरा धनिया बुरक कर परोसें।

बघार-ए-बैंगन

नारियल गोभी

नारियल-बंदगोभी

सामग्री

½ किलो बारीक कटी हुई बद गाभा
200 ग्राम कसा हुआ नारियल
1 हरी मिर्च
2 हरे पत्तों वाले प्याज़, बारीक कटे हुए
½ चम्मच सरसों के दाने (बीज)
1 बडा चम्मच तेल
1 चम्मच जीरा, पिसा हुआ
½ चम्मच हल्दी पिसी हुई
नमक स्वादानुसार

बनाने की विधि

एक कड़ाही में तेल गरम करें और उसमें सरसों के बीज डालकर जरा सा कड़कड़ा लें। इसके बाद इसमें कटे हरे प्याज और हरी मिर्च डालकर 1-2 मिनट तक तलें। तलने के बाद इस मिश्रण में पत्ता गोभी, बंद गोभी और मसाले डाल दें और 4-5 मिनट तक, या जब तकि गोभी नरम न पड़ जाए हल्का पकाते रहें। अब इसी में कसा हुआ नारियल डालने के बाद धीमी आंच पर 2-3 मिनट तक पकाएं।

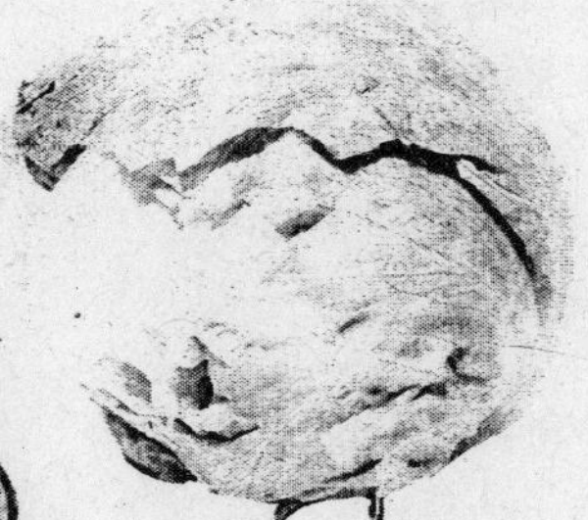

भुने बैंगन का रायता

सामग्री

1 बड़ा बैंगन
4-5 हरी मिर्च (बारीक कटी)
1 बड़ा चम्मच वैजिटेबल तेल
½ चम्मच चाट मसाला
4-5 हरे प्याज़ पत्तों वाले (बारीक कटे हुए)
½ चम्मच भुना हुआ जीरा पाउडर
½ किलो मथा हुआ दही
नमक स्वादानुसार

बनाने की विधि

बैंगन को धीमी आंच पर तब तक भूनें जब तक कि वह ऊपर से काला न हो जाये / जल जाए। इसे पलटे रहें ताकि सभी तरफ एक समान सेक लग सके। अब बैंगन का ऊपर का जला भाग काट कर मथ लें। इसमें बाकी सारी चीजें डाल दें और तब इस पर हरा धनिया बुरक दें।

मैसूर का पालक (Mysore Spinach)

सामग्री

600-700 ग्राम वजन में पालक (या दो गुच्छा जिनका यह वजन हो)
1 बड़ा चम्मच क्रीम (मलाई)
¼ चम्मच सरसों के बीज
¼ चम्मच ज़ीरे के बीज
2 साबत सूखी लाल मिर्च
एक बड़ा चम्मच वैजि० तेल
नमक स्वादानुसार

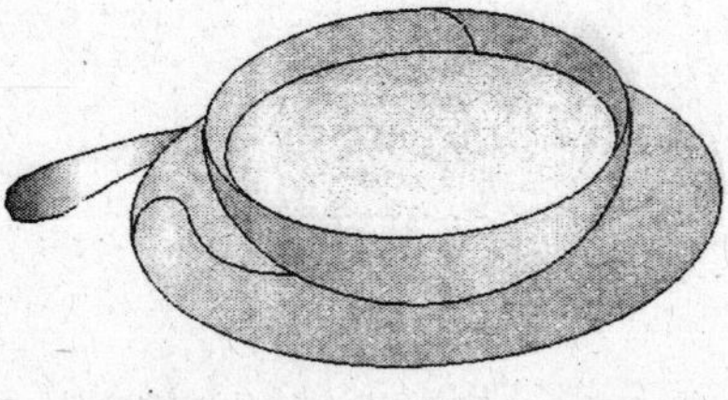

बनाने की विधि

पालक को धो कर उसे कुतरकर बारीक काट लें। एक बड़े बर्तन में पालक, सोया, एक चम्मच नमक और ¼ प्याला पानी डालकर उबालें। इसे आग पर तब तक रखें जब तक कि पानी सूख न जाए। एक अलग बर्तन में तेल डालकर गरम करें और तब इसमें जीरे और सरसों के बीज डालकर थोड़ा सा फुलाएं। अब इसी में लाल मिर्च भी मिला दें। एक बर्तन में पालक डालकर इसमें ज़ीरा और सरसों के फुलाए हुए बीज डाल दें। इसी में क्रीम डालकर कुछ क्षण तक पकाएं। पकने के बाद इस व्यंजन को चावल के साथ परोसें।

नारियल के दूध में पके टमाटर

सामग्री

½ किलो टमाटर
1 बड़ा चम्मच चावल का आटा
¼ चम्मच ज़ीरे के बीज
2-3 सूखी लाल मिर्च साबुत
2 हरी मिर्च बारीक कटी हुई
1 प्याला नारियल का दूध
¼ चम्मच लाल मिर्च पिसी हुई
1 चम्मच चीनी
नमक स्वादानुसार
एक बड़ा चम्मच तेल

बनाने की विधि

टमाटर गरम पानी में डालकर नरम कर लें और फिर छिलका उतार लें। एक ब्लैन्डर में डालकर टमाटर का गूदा तैयार करें। एक अलग कटोरे में नारियल का दूध और चावल का आटा डाल कर पूरी तरह मथलें ताकि यह नरम हो जाए। बर्तन में तेल गरम करें और ज़ीरे के बीज उसमें डाल कर कुछ क्षण तक हल्का भून लें। अब इसमें हरी मिर्च भी मिला दें और फिर एक-दो क्षण तक हल्का तलें। इतना करने के बाद इसमें बाकी सारी सामग्री डालकर लगभग 10 मिनट तक या जब तक गाढ़ा रस तैयार न हो जाए, इसे पकाएं, परंतु बर्तन को ढंके नहीं। पक जाने पर हरा धनिया बुरक दें और तब अप्पम या रोटी के साथ परोसें।

तोरी की सब्ज़ी

सामग्री

½ किलो तोरी / तोरई
1 चुटकीभर हींग
2 बड़े प्याज बारीक कटे हुए
½ चम्मच पिसी हुई लाल मिर्च
½ चम्मच पिसी हुई हल्दी
2-3 सूखी लाल मिर्च साबत
1 बड़ा चम्मच तेल
नमक स्वादानुसार

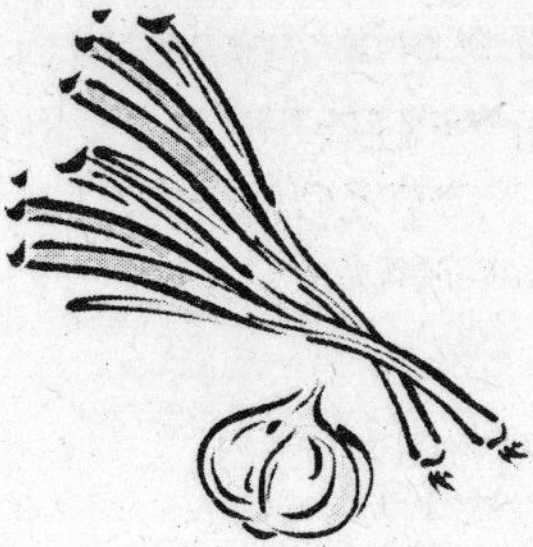

बनने की विधि

एक कड़ाही में तेल गरम करके हींग डाले दें और इसे ज़रा सा कड़कड़ाने दें। इसके बाद इसमें प्याज डालें और कुछ मिनट तक हल्का भूनें। तोरी को पानी से धो कर साफ करें और इसके पतले गोल टुकड़े काट कर प्याज़ में छोड़ दें। इसे कुछ मिनट तक हल्का तलें। इसमें मसाले डालकर ढक्कन से ढककर 5 मिनट तक, या जब तक तोरी के टुकड़े नरम न हो जाएं, मंद आंच पर पकाएं।

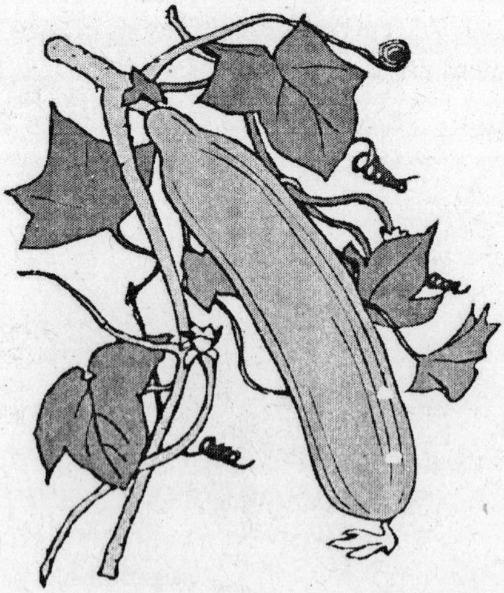

अरबी मसाला

सामग्री

½ किलो अरबी, उबली और छीली हुई
½ चम्मच पिसी लाल मिर्च
½ चम्मच अनारदाना या चाट मसाला
नमक स्वादानुसार
¼ प्याला बारीक कटे प्याज़
½ चम्मच धनिया, पिसा हुआ
½ चम्मच भुना ज़ीरा
½ चम्मच पिसी हल्दी
½ बड़ा चम्मच तेल

बनाने की विधि

छीली और उबली हुई अरवी को दोनो हथेलियों के बीच रखकर दबाएं ताकि वे चपटी हो जाएं। कड़ाही में तेल गरम करके उसमें अरबी डाल कर गहरा भून कर अलग रख दें। एक अलग कड़ाही में तेल डालकर प्याज 3-4 मिनट तक हल्का तल लें, या जब तक हल्का सुनहरी रंग न हो जाए तलें। इस तले हुए प्याज में अरबी और मसाले डाल दें और 2-3 मिनट तक हल्का तलें। तैयार हो जाने के बाद इस पर हरा धनिया बुरक दें और तब परोसें।

तिल की चटनी

सामग्री

½ प्याला तिल के बीज
4-5 कटी हुई हरी मिर्च
2 बड़ा चम्मच इमली का रस
नमक स्वादानुसार
¼ प्याला पुदीना के पत्ते, धोए हुए

बनाने की विधि

तिलों को तवे पर भूने, जब तक उनका रंग गहरा न हो जाए। भुने तिलों में बाकी के पदार्थ डालकर पिष्टी तैयार कर लें। पिष्टी बनाते समय थोड़ा सा पानी भी डाल दें।

आलू गोभी नारियल वाली

सामग्री

1 छोटा गोभी का फूल (बिना टंठल वाला),
2-3 छोटे आलू, चौकोर कटे हुए
छोटे छोटे टुकड़ों में कटा
1 चुटकी हींग
½ चम्मच काली सरसों के बीज
8-10 करी पत्ता
¼ चम्मच पिसी हुई हल्दी का पाउडर
¼ चम्मच चीनी
2-3 हरी मिर्च, बारीक कटी हुई
½ प्याला कसा हुआ ताज़ा नारियल
नमक स्वादानुसार
2 बड़े चम्मच वैजीटेबल तेल

बनाने की विधि

एक कड़ाही में तेल गरम करके उसमें पहले हींग और फिर सरसों के दाने डाल कर कुछ क्षण तक हल्का तलें ताकि वे फूल जाएं। इसमें पहले करी पत्ता और फिर गोभी के फूल और आलू डाल दें और 3-4 मिनट तक हल्का भूनें। भूनने के बाद इसमें हरी मिर्च, हल्दी, नमक और चीनी डालने के बाद 2-3 मिनट तक हल्का तलें। अब इसमें ¼ प्याला पानी डालकर उबालें। बर्तन से ढकने के बाद 10-15 मिनट तक, या जब तक सब्ज़ियां नरम न पड़ जाएं, पकाएं। पकने के बाद इस में नारियल डालकर हल्का सा फिर भूनें। पूरी तरह पक जाने पर इस हरा धनिया बुरक दें।

आलू की चटनी

सामग्री

½ किलो आलू उबले, छीले और मथे हुए
2 बारीक कटे प्याज़
2 बारीक कटे टमाटर
½ चम्मच पिसा लहसुन
½ चम्मच पिसा अदरक
2-3 बारीक कटी हरी मिर्च
1 चम्मच हरा धनिया
नमक स्वादानुसार
2 बड़े चम्मच तेल

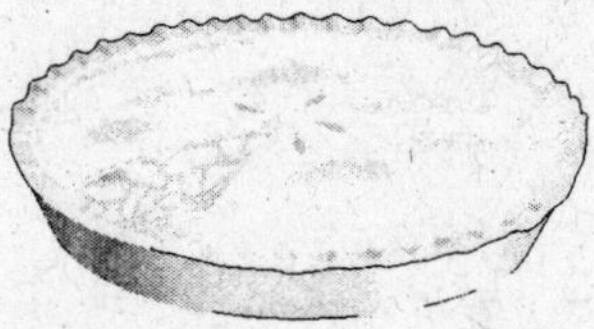

बनाने की विधि

किसी बर्तन में तेल गरम करें और उसमें लहसुन और अदरक डालकर सुनहरी रंग हो जाने तक तले। इसमें टमाटर डालें और तब तक पकाएं जब तक टमाटर पूरी तरह मथ और पक न जाएं! अब इसमें लाल मिर्च का पाउडर डालें और जरा सा कड़कड़ा दें। इस मिश्रण में आलू और लाल मिर्च डालकर हल्का सा भूनें। सारा मसाला आलुओं पर लिपट सके इसके लिए 5 मिनट तक और पकाएं। बाद में हरा धनिया भी डाल दें। धनिया डालने के बाद इस व्यंजन का आनंद उठाएँ।

तुहर की दाल (नारियल के दूध में बनी)

सामग्री

1 प्याला तुहर की दाल
¼ चम्मच पिसी हल्दी
½ चम्मच साबत ज़ीरा
4 हरी मिर्च, कटी हुई
½ चम्मच सरसों के बीज
6-7 करी पत्ता
2 सूखी और साबत लाल मिर्च
1 प्याला बारीक कटे प्याज
6-10 बारीक पिसी हुई लहसुन की कलियां
1 बारीक काटा हुआ टमाटर
1 प्याला ताज़ा नारियल का दूध
2 बड़े चम्मच घी या वैज० तेल
नमक स्वादानुसार

बनाने की विधि

पहले दाल को साफ करके धो लें। फिर बर्तन में चार प्याला पानी डालें और उसमें दाल और हल्दी डालकर उबालें या प्रैशर कुकर में एक सीटी बजने तक, या जब तक दाल थोड़ी नरम न हो जाए, उबालें। एक कड़ाही में घी गरम करके उसमें सरसों के दाने और ज़ीरा के बीज डालें और 2-3 क्षण तक हल्का भून लें। अब इस में करी पत्ता, सूखी मिर्च, लहसुन डाल कर 1-2 क्षण तक तलें। इसके बाद इस मिश्रण में प्याज़ भी डाल दें और 5 मिनट तक हल्का तलने के बाद हरी मिर्च और टमाटर डालकर 1-2 मिनट तक भूनें। इसमें उबली दाल डाल कर उबालें। अंत में इसमें नारियल का दूध डालकर पनः 1-2 मिनट तक पकाएं। चाहें तो इस पर धनिया बुरक दें।

दही में बनी गोभी

सामग्री

4 प्याज़
3 लहसुन की कलियां
1 चम्मच कसा हुआ अदरक
1 चम्मच चीनी
1 प्याला दही
नमक स्वादानुसार
1 गोभी का फूल
2 बड़ा चम्मच तेल
1 चम्मच गरम मसाला
5 हरी मिर्च – बीज निकाल कर बीच में से काट लें।

बनाने की विधि

एक कड़ाही में तेल गरम करें और उसमें अदरक, लहसुन डालकर कुछ क्षण तक हल्का तले। तलने के बाद इसमें प्याज़ डाल दें और कुछ मिनट तक तलें। इसमें गोभी डालें और अच्छी तरह मिला दें। बर्तन को ढक्कन से ढक दें और 5-10 मिनट तक, या जब तक गोभी थोड़ी सी नरम न हो जाए, मंद आंच पर पकाएं। अब इसमें बाकी बची चीज़ें डालकर अच्छी तरह मिला दें। बर्तन को फिर ढक दें और 4-5 मिनट तक, या जब तक गोभी तैयार न हो जाये, आंच पर पकने दें। जब गोभी नरम हो जाए तो इसके ऊपर हरी मिर्च और ताज़ा हरा धनिया बुरक दें।

मिलीजुली सब्जी (Mixed Vegetable)

सामग्री

250 ग्राम गोभी के फूल
175 ग्राम काटी हुई गाजर
175 ग्राम हरा मटर
200 ग्राम मशरूम, कटी हुई
2 बड़े चम्मच कसा नारियल
4-5 लौंग
¼ चम्मच लाल मिर्च (पिसी)
2 बड़े चम्मच खसखस के दाने
3-4 छोटी इलायची
2 बड़े चम्मच तेल
2 कटे हुए प्याज़
नमक स्वादानुसार
2 चम्मच नींबू का ताज़ा रस
1 बड़ा चम्मच ताज़ा क्रीम

बनाने की विधि

बर्तन में तेल गरम करके उसमें प्याज डालकर सुनहरा रंग होने तक हल्का तलें। अब इसमें छोटी इलायची, कसा नारियल, खसखस के दाने, सब्जियां और मसाले डाल कर 3-4 मिनट तक हल्का तलें। इसके बाद एक प्याला पानी डालकर तब तक उबाले जब तक सभी सब्जियां नरम न हो जाएं। इसे परोसने वाले डोंगे में डालें और ऊपर से क्रीम और नींबू का रस डाल दें। सभी पदार्थ अच्छी तरह मिला लें। अब इसके ऊपर ताज़ा धनिया बुरक दें और परोसें।

मूली की चटनी

सामग्री

200 ग्राम कसी हुई मूली
¼ चम्मच सरसों के दाने
½ चम्मच पिसी लाल मिर्च
½ चम्मच धनिया पाउडर
½ चम्मच चाट मसाला
नमक स्वादानुसार
1 बड़ा चम्मच सरसों का तेल (पहले से ही पका हुआ)

बनाने की विधि

कड़ाही में तेल गरम करके उसमें सरसों डाल कर कड़कड़ा लें। इसके बाद पहले इसमें मसाले, और फिर तुरंत मूली डालकर ढक दें। मंद आंच पर 3-4 मिनट तक पकाएं और बीच-बीच में हिलाते रहें। इसे चटनी की तरह परोसें।

आलू और काबली चना

सामग्री

200 ग्राम सफेद काबली चना
(इसे रातभर पानी में भिगो कर रखें)
2 चम्मच ताज़ा अदरक बारीक पिसा
½ चम्मच हल्दी का पिसा पाउडर
½ चम्मच धनिया पाउडर
एक बड़ा चम्मच तेल
2 काटे हुए आलू
3 काटे हुए प्याज़
नमक स्वादानुसार
½ चम्मच पिसी लाल मिर्च
½ चम्मच गरम मसाला

बनाने की विधि

चना जब तक नरम न हो जाय पकाते रहें। पकने के बाद आंच से उतार कर अलग रख दें। कड़ाही में तेल गरम करें और अदरक डालकर कुछ क्षण तक हल्का तलें। इसके बाद प्याज डालें और सुनहरी रंग का होने तक भूनें। अब इसमें मसाले डालें और कुछ मिनट तक भूनें। चनों का पानी निकाल दें और फिर ऊपर वाले मसाले में डाल दें। एक अलग कड़ाही में आलू डालें और सुनहरा और नरम होने तक तलें। इस आलू को चने के मिश्रण में डाल कर कुछ मिनट तक और पकाएं। जब सारे पदार्थ पक जाएं तो इस पर ताजा हरा धनिया बुरक दें।

टमाटर-बैंगन

सामग्री

½ किलो टमाटर (कटे हुए)
½ किलो बैंगन (बीच से काटे और तले हुए)
½ चम्मच हल्दी, पिसी हुई
½ चम्मच चीनी
½ चम्मच अदरक का पाउडर
½ चम्मच ताज़ा अदरक, कटा हुआ
1 चम्मच लाल मिर्च का पाउडर
1 चम्मच अमचूर
2 बड़े चम्मच तेल
1 चम्मच गरम मसाला
नमक स्वादानुसार

बनाने की विधि

पहले बैंगनों को तले और एक ओर अलग से रख दें। एक कड़ाही में तेल गरम करके उसमें अदरक कुछ सैकेण्ड के लिए भूनें। अब इसमें टमाटर डालकर 3-4 मिनट तक तलें। इसके बाद मसाले, चीनी और तले हुए बैंगन इसमें डालें और साथ ही आधा प्याला पानी डालकर रख दें। इस सारे मिश्रण को मंद आंच पर 5-6 मिनट, या जब तक रस गाढ़ा न हो जाए, पकाएं। इसे आंच से उतारने के बाद दो भागों में कटी हरी मिर्च और ताज़ा धनिया डालकर सज्जित करें।

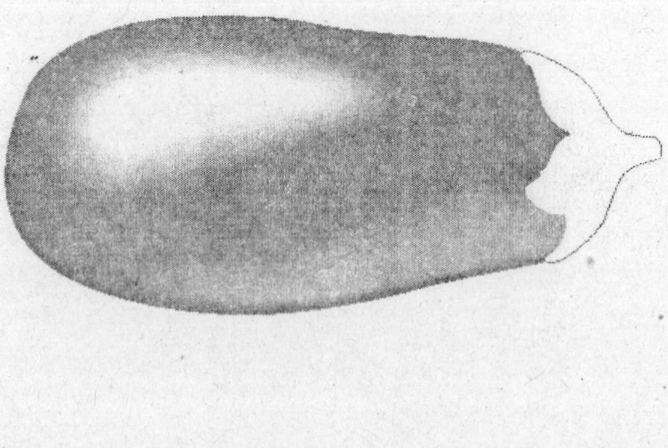

काबली चना पनीर वाला

सामग्री

2 बड़े चम्मच इमली का रस
200 ग्राम चना, रात भर भिगाया हुआ
2 बारीक कटे हुए प्याज़
2 बारीक कटे हुए टमाटर
2 हरी मिर्च, बारीक कटी हुई
1 चम्मच धनिया पिसा हुआ
½ चम्मच लाल मिर्च, पिसी हुई
½ चम्मच गरम मसाला
50 ग्राम पनीर कपड़े में लटकाया हुआ
दो बड़े चम्मच तेल
नमक स्वादानुसार

बनाने की विधि

चना जब तक नरम न पड जाए उबाले और फिर पानी निकाल दें। कड़ाही में तेल गरम करें और उसमें प्याज डाल कर हल्का सुनहरी रंग होने तक भूनें। अब इसी में मसाले और पनीर डालकर कुछ क्षण तक हल्का तलें। फिर इसमें इमली का रस और काबली चना डाल कर ढक दें और 8-10 मिनट तक पकाएं। जब पूरी तरह पक जाये जो इस पर कटा हुआ हरा धनिया बुरक दें।

मशरूम कोरमा

सामग्री

200 ग्राम मशरूम
½ प्याला काजू (½ घंटा पानी में भिगोने के बाद पेस्ट तैयार करें)
1 बड़ा चम्मच गरम मसाला
1 प्याज (बारीक काट कर इसे सुनहरा होने तक तलें)
1 प्याला मथा हुआ दही
1 बड़ा चम्मच धनिया
1 चम्मच लाल मिर्च (पिसी हुई)
1 बड़ा चम्मच तेल
नमक स्वादानुसार

बनाने की विधि

काट कर मशरूम के डंठल/ तना अलग कर दें और दो-दो भागों में मशरूम काट लें। एक बर्तन में दही, मसाले और तेल डाल कर उवालें और बीच-बीच में तेज़ी से हिलाते भी रहें। अब इसमें मशरूम डालें और 10-15 मिनट तक, या जब तक मशरूम कोमल न हो जाएँ, पकाएं। इसके पकने पर काजू की पिष्टी और क्रीम डाल कर फिर पांच मिनट तक पकाएं। पकने पर इस पर गरम मसाला और तला प्याज डालने के बाद चावल के साथ परोसें।

मशरूम और शिमला मिर्च

सामग्री

200 ग्राम मशरूम
2 शिमला मिर्च, कटी हुई
नमक स्वादानुसार
½ चम्मच पिसी लाल मिर्च
2 बड़े चम्मच तेल
5 हरे प्याज़, बारीक कटे हुए
2 टमाटर (किनादेदार कटे हुए)
½ चम्मच हल्दी का पाउडर
1 चम्मच गरम मसाला

बनाने की विधि

मशरूम के डंठल अलग से काट करके मशरूम को चार-चार टुकड़े में काटें। एक कड़ाही में तेल गरम करके उसमें प्याज कुछ सैकेण्ड तक हल्का तलें। इसके बाद इसमें मशरूम, टमाटर, शिमला मिर्च और नमक डालकर 3-4 मिनट, या जब तक सब्ज़ी नरम न पड़ जाए और पानी भी सूख जाए, तक हल्का तलें। तैयार हो जाने के बाद इस पर गरम मसाला और ताज़ा धनिया बुरक दें और परोसें।

कटी गोभी और पनीर की सब्जी

सामग्री

200 ग्राम मसला हुआ घर का बना पनीर
1 छोटी गोभी, कटी हुई
½ चम्मच हल्दी का पाउडर
1 बड़ा चम्मच तेल
2 हरी मिर्च बीज निकाली हुई
और प्रत्येक 3-3 हिस्सों में कटी।
नमक स्वादानुसार

बनाने की विधि

एक कड़ाही में तेल गरम करें और उसमें जीरा साबुत डाल कर थोड़ा सा फुला लें। इसमें गोभी और शिमाला मिर्च डाल कर और कुछ देर नरम होने तक हल्का भूनें। अब इसमें पनीर और मसाले डालकर अच्छी तरह हल कर दें। इस मिश्रण में नमक और मिर्च डाल दें और कुछ क्षण तक हल्का पकाएं। इसके बाद आंच बन्द कर दें। पक जाने पर इस पर हरा धनिया बुरक दें और फिर परोसें।

टमाटर पनीर

सामग्री

½ किलो घर में बना पनीर (इसे 1"x 1" के आकार के टुकड़ों में काट कर रखे)
2 चम्मच पिसा धनिया
½ चम्मच पिसी लाल मिर्च
एक बड़ा चम्मच तेल
गहरा तलने के लिए तेल
½ किलो टमाटर (काटे हुए)
¼ चम्मच चीनी
¼ चम्मच सौंठ
1 चम्मच गरम मसाला
नमक स्वादनुसार

बनाने की विधि

पनीर के टुकड़ों को सुनहरा रंग होने तक तल लें और एक प्याला पानी डालकर अलग रख दें। एक कड़ाही में तेल गरम करके उसमें अदरक डालकर कुछ देर तक भूनें। इसमें अब टमाटर डाल कर 4-5 मिनट तक हल्का तलें। इस मिश्रण में मसाला और ¼ प्याला पानी डालकर फिर तलें। इसमें पनीर और डाल दें और 5-10 मिनट तक पकाएं। पक जाने पर इस पर ताज़ा धनिया और गरम मसाला बुरक दें।

इडली

सामग्री

300 ग्राम चावल
100 ग्राम उड़द की दाल
नमक स्वादानुसार

बनाने की विधि

चावल और दाल को अलग अलग दो घंटे तक भिगोए रखें। इसके बाद चावल और दाल को बारीक बरीक पीस कर अलग अलग पिष्टी तैयार कर लें। जब तक पिष्टी फूलने और हल्की न होने लगे तब तक पीसते रहें। बाद में दोनों पिष्टियों को एक साथ मिला कर एकजान कर लें और इतना गाढ़ा करें कि उंगली से टपकने योग्य हो जाए। अब इसमें नमक डालकर मिलाएं और सारी रात खमीर बनने के लिए रख दें। इडली बनाने के सांचो में थोड़ा घी चुपड़ कर उनमें इडली का मिश्रण डालें और 5 मिनट तक, या जब तक इडली तैयार न हो जाये, स्टीमर पर वाष्पित होने दें।

नारियल की चटनी

सामग्री

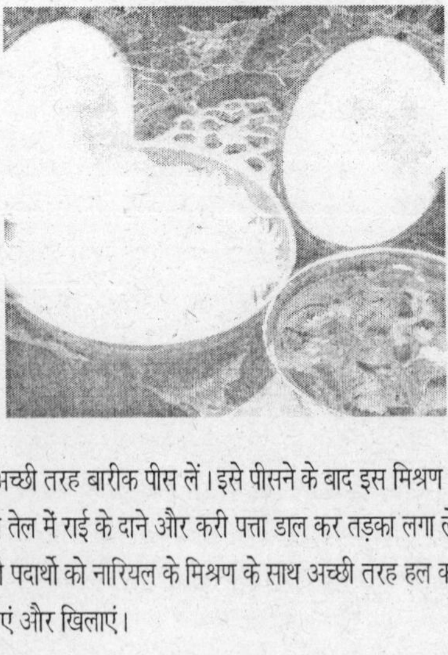

100 ग्राम कसा हुआ कच्चा नारियल
4-5 हरी मिर्च
1 बड़ा चम्मच अदरक
4 ग्राम चने की भुनी दाल
4-5 करी पत्ता
½ चम्मच राई के बीज
नमक स्वादानुसार

बनाने की विधि

नारियल, हरी मिर्च, दाल चना और दो करी पत्ते मिला कर अच्छी तरह बारीक पीस लें। इसे पीसने के बाद इस मिश्रण में नमक मिला दें। बर्तन में घी डालकर उसे थोड़ा सा गरम करें। इस तेल में राई के दाने और करी पत्ता डाल कर तड़का लगा लें। इस तड़के को नारियल के मिश्रण पर फैला कर उडेल दें। इन सभी पदार्थो को नारियल के मिश्रण के साथ अच्छी तरह हल कर दें। इस प्रकार से तैयार नारियल की चटनी को इडली के साथ खाएं और खिलाएं।

गट्टा कढ़ी

सामग्री

1½ प्याला चने का आटा
एक चुटकी हींग
1 डंडी दालचीनी
2 तेज पत्ता
4-5 लौंग
2 चम्मच ज़ीरा का पाउडर
3 चम्मच धनिया का पाउडर
3-4 कटी हुई हरी मिर्च
तलने के लिए तेल
चुटकीभर खाने वाला सोडा
एक प्याला दही
½ चम्मच गरम मसाला
2 चम्मच कटा हुआ पुदीना
1 चम्मच लाल मिर्च, पिसी हुई
½ चम्मच पिसी हुई हल्दी
1 चम्मच कटा हुआर अदरक

बनाने की विधि

एक चौथाई प्याला तेल, चने का आटा, एक चम्मच ज़ीरे के बीज, आधा चम्मच पिसी हुई लाल मिर्च, खाने वाला सोडा और कुछ पानी आवश्यकतानुसार डालकर कड़ा गूंधे। इस गूंधे आटे के 10 गोल बनाकर लम्बे आकार के टुकड़े बनाकर लगभग 20 मिनट तक पानी में उबालें। उबलने पर टुकड़ों को पानी से निकाल कर ठंड़ा कर लें। ठंडा होने पर इसके ½ आधा-आधा इंच के टुकड़े काट लें। बर्तन में तेल गरम करके इन गट्टों को सुनहरा रंग हो जाने तक गहरा तलें और तलने के बाद अलग रख दें।

अब धनिया, पिसी लाल मिर्च का पाउडर, हल्दी और नमक अच्छी तरह मिलाकर 10 मिनट तक अलग पड़ा रहने दें। इस बीच 2 बड़े चम्मच तेल बर्तन में गरम करें और उसमें ज़ीरा डाल कर थोड़ा सा कड़कड़ाएं। इसके बाद इसी में लौंग, ज़ीरा और तेज पत्ता डाल दें। इस मिश्रण में हींग डालें और फिर नमक डालकर लगातार तब तक हिलाते रहें जब तक उबलने न लगे, इसमें उस पानी के दो प्याले डालें जिसमें गट्टा उबाला गया था। इसे 5 मिनट तक मंद आंच पर उबालें। अब इसी में गट्टा भी डाल दें और 5-10 मिनट तक मंद आंच पर पकाएं। तैयार होने पर इस पर हरा धनिया बुरक दें।

पापड़ की कढ़ी

सामग्री

4-5 पापड़, सिंके और मोडे हुए
2 प्याज बारीक कटे हुए
1 चम्मच लहसुन-अदरक की पिष्टी
2-3 लौंग
2 बड़ी इलायची
2 तेज पत्ता
5-6 पैपर कॉर्न
½ प्याला पहले से पकी हुई मकई
½ किलो बारीक कटे टमाटर
½ चम्मच पिसी लाल मिर्च
¼ चम्मच सौंठ
2 चम्मच पिसा धनिया
½ चम्मच हल्दी का पाउडर
नमक स्वादानुसार
2 बड़ा चम्मच तेल

बनाने की विधि

एक कड़ाही में तेल गरम करके उसमें लौंग, बड़ी इलायची तेज पत्ता, पैपर कॉर्न डालकर 2-3 क्षण तक हल्का तलें। अब प्याज़ डाल दें और थोड़ा सा सुनहरा रंग होने तक हल्का तलें, इसमें टमाटर और मसाले भी डाल दे और 4-5 मिनट तक, या जब तक रस गाढ़ा न हो जाए, धीमी आंच पर पकाएं। इसे परोसने वाले डोंगे में डालें और परोसने से कुछ देर पहले इसमें पापड़ डाल कर मिला दें। इस पर ताजा क्रीम का एक चम्मच डाल दें।

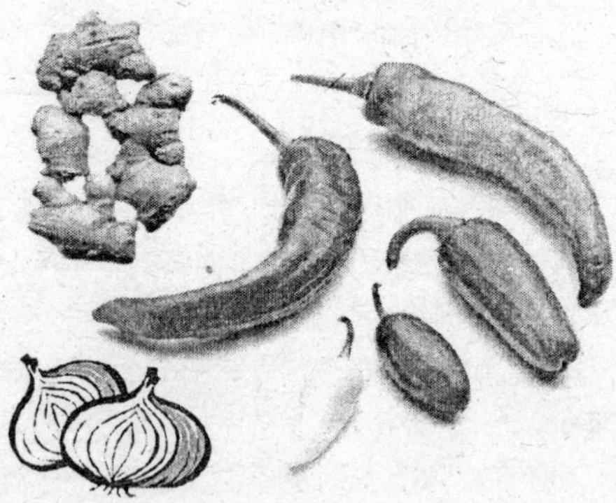

कटहल की सब्ज़ी

सामग्री

½ किलो कटहल के 2" x 2" के टुकड़े काटें
2 बड़े चम्मच तेल
1 चम्मच पिसी लाल मिर्च
½ चम्मच सौंठ
½ चम्मच पिसी हल्दी
2 बारीक कटे हुए प्याज
2 कटे हुए टमाटर
2-3 हरी मिर्च (बीज निकली और बीच से चिरी हुई)
1 चम्मच धनिया पिसा
नमक स्वादानुसार

बनाने की विधि

कड़ाही में तेल डाले और गरम करें और उसमें प्याज डाल कर सुनहरा रंग होने तक हल्का तलें। अब इस में कटहल के टुकड़े डालकर ढक दें और 5-10 तक, या जब कटहल नरम न हो जाये, धीरे-धीरे पकाएं। पकने के बीच में ही चाहें तो नमक भी डाल दें। इसके बाद ढक्कन हटा कर बाकी के सारे पदार्थ भी डाल दें और तेज़ आंच पर 4-5 मिनट तक, या जब तक सभी चीज़ों परस्पर मिश्रित न हो जाए, मंद मंद या तेज आंच पर पकाएं। पकने के बाद इस पर कटे हुए हरे धनिये के पत्ते ऊपर से डाल दें और फिर परोसें।

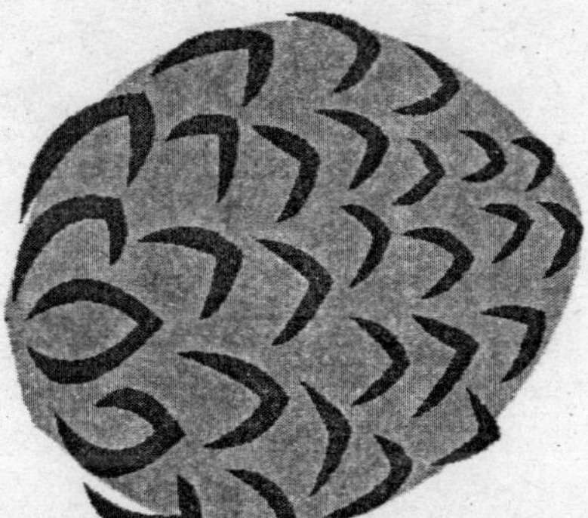

गाजर, मूली और आलू की सब्ज़ी

सामग्री

2 गाजर, छोटे छोटे टुकड़ों में कटी हुई
2 मूली, छोटे छोटे टुकड़ों में कटी हुई
2 आलू, छोटे टुकड़ों में काटे और भूने हुए
1 चुटकीभर हींग
2 टमाटर बारीक कटे हुए
½ चम्मच हल्दी का पाउडर
1 चम्मच धनिया का पाउडर
½ चम्मच लाल मिर्च का पाउडर
नमक स्वादानुसार
1 बड़ा चम्मच तेल

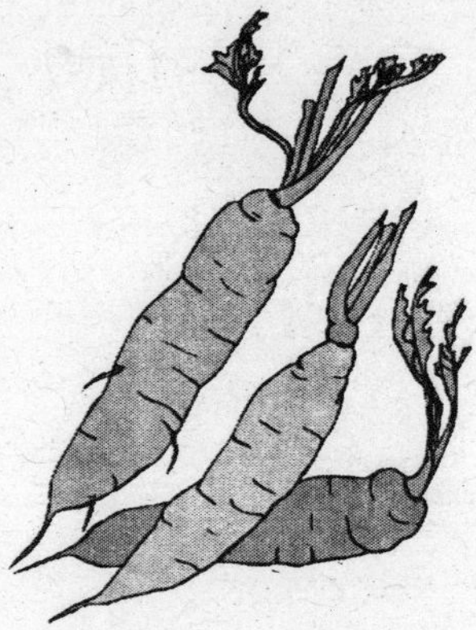

बनाने की विधि

एक कड़ाही में तेल गरम करके उसमें हींग डाल दें और थोड़ा सा कड़कड़ा लें। इसमें गाजर और मूली डालकर परस्पर मिला दें और ढक्कन से ढक दें। इसे 3-4 मिनट तक, या जब तक सब्जियां नरम न हो जाएं, धीरे धीरे पकने दें। अब इसमें तले हुए आलू, टमाटर और सभी मसाले भी डाल दें और तेज आंच पर 3-4 मिनट तक, या जब तक टमाटर कोमल न हो जाएं, पकाएं और फिर आंच से उतार लें।

चने की दाल में बनी चौलाई की सब्ज़ी

सामग्री

2 बारीक कटे हुए प्याज
2-3 साबत लाल मिर्च (सूखी)
½ चम्मच पिसी हुई हल्दी
नमक स्वादानुसार
½ प्याला चने की दाल (उबाल कर इस का पानी निकाल दें)
½ चम्मच पिसी हुई लाल मिर्च
2 बड़ा चम्मच तेल

बनाने की विधि

एक कड़ाही में तेल डालकर गरम करें और उसमें लाल सूखी मिर्च और चौलाइई के साग के कटे हुए पत्ते डाल दें और 45 मिनट तक हल्का तलें। बीच बीच में कल्छी से हिलाते रहें; जब सब्जी थोड़ी सी नरम हो जाए तो इसमें नमक डाल कर फिर कुछ क्षण तक धीरे-धीरे पकाएं। इसके बाद इस मिश्रण में चने की दाल और सारे मसाले भी डाल दें और फिर कुछ क्षणों तक मंद मंद पकाएं। पक जाने पर इसे गरमागरम रोटी के साथ सेवन करें और परोसें।

हींग में बना शलगम

सामग्री

½ किलो शलगम, छीलकर पतले टुकड़ों में काट लें।
नमक स्वादानुसार
2-3 सूखी लाल मिर्च (साबुत)
½ चम्मच पिसा धनिया
1 चुटकीभर हींग
1 बड़ा चम्मच सरसों का तेल

बनाने की विधि

एक कुकर में तेल डालकर थोड़ा सा गरमा लें। इस में हींग डालकर थोड़ा सा कड़कड़ाएं। इसमें अव शलगम डाल कर 3 मिनट तक हल्का-हल्का तलिए। जब तल जाए तो इसमें सभी मसाले, नमक और सूखी लाल मिर्च डाल दें और साथ ही ½ प्याला पानी भी डाल दें और प्रैशर कुकर में इसे 3-4 मिनट तक पकने दें। जब तक शलगम ज़रा सा कोमल न हो जाए इसी कुकर में ही रखें। सब्ज़ी से तेज आंच पर पकाएं। इस के बाद प्रैशर कुकुर का ढक्कन तुरंत खोल दें। इसे उबले चावलों के साथ खाएं और खिलाएं।

मसालेदार शलगम

सामग्री

½ किलो शलगम (इसे छील कर प्रत्येक को 4-4 टुकड़ों में काटे)
4 प्याज कद्दू कस किये हुए और बारीक मसले हुए
2 टमाटर (चम्मच पिसी हुई लाल मिर्च)
½ चम्मच हल्दी का पाउडर
½ चम्मच पिसा हुआ धनिया
1 चम्मच गरम मसाला
1 चम्मच बारीक अदरक
नमक स्वादानुसार
2 बड़े चम्मच तेल
1 बड़ा चम्मच दही

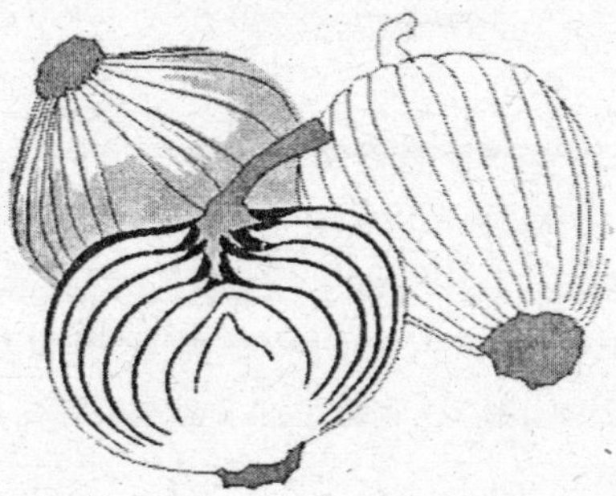

बनाने की विधि

एक कुकर में तेल गरम करके उसमें अदरक डालकर कुछ क्षण तक हल्का तलें। इस के बाद प्याज़ डालकर 4-5 मिनट तक, या तब तक जब तक सुनहरी रंग प्याज़ का न हो जाये तलें। अब इसमें कटे हुए शलगम और मसाले डाल दें और कुछ क्षण तक हल्का तलें। इसके बाद टमाटर डालें और ½ मिनट और हल्का पकाएं। अंत में इसमें आधा प्याला पानी का छोड दें और प्रैशर की 2-3 सीटियां बजने तक या जब तक, शलगम कोमल न हो जाएं, पकाएं। पक जाए तो इस पर कटा हुआ हरा धनिया बुरक दें।

टिंडा मसालेदार

सामग्री

½ किलो टिंडा छीलकर प्रत्येक को चार भागो में काटें।
एक चम्मच अनारदाना
½ चम्मच चाट मसाला
½ चम्मच पिसी लाल मिर्च
नमक स्वादानुसार
½ चम्मच गरम मसाला
½ चम्मच धनिया का पाउडर
2 बड़ा चम्मच तेल
½ चम्मच भुना हुआ ज़ीरा का पाउडर
½ चम्मच पिसा धनिया

बनाने की विधि

एक कड़ाही में तेल गरम करके उसमें टिंड़ा डाल दें और 3-4 मिनट तक हल्का भूनें। कड़ाही को ढक्कन से ढक दें और 3-4 मिनट तक और हल्का तलें, या जब तक टिंडा नरम न हो जाए। अब टिंडों में मसाला डाल दें और फिर ढक दें और पूरी तरह 3-4 मिनट तक, या जब तक टिंडे पूरी तरह गल न जाएं, पकाएं। अब 1-2 मिनट ढक्कन हटाने के बाद तेज आंच पर पकाएं और जब पूरी तरह पक जाए तो कटा धनिया बुरक दें।

कमल ककड़ी के कोफ़्ते

सामग्री

½ किलो कमल ककड़ी छील कर धो लें।
1 चम्मच बेसन
2 हरी मिर्च (बारीक कटी हुई)
½ चम्मच चाट मसाला
½ चम्मच लाल मिर्च का पाउडर
कढ़ी के लिये सामग्री
3 कद्दूकस किए हुए प्याज़
2 टमाटर बारीक कटे हुए
½ चम्मच पिसी लाल मिर्च
1 चम्मच गरम मसाला
½ चम्मच हल्दी का पाउडर
1 चम्मच धनिये का पाउडर
नमक स्वादानुसार
2 बड़ा चम्मच तेल

बनाने की विधि

थोड़े सा पानी लेकर कमल ककड़ी को नरम होने तक उबालें, इतना करने के बाद इस निचोड़ कर मथ लें, ताकि कोफ़्ते की टिक्कियां बनाई जा सकें। इन कोफ़्तों को सुनहरी रंग का होने तक तलें। एक अलग कड़ाही में तेल गरम करें और इसमें प्याज़ डाल कर हल्का सा तल लें, परंतु प्याज का पानी सूख जाना चाहिये। अब इसमें बाकी पदार्थ डालकर 5-10 मिनट तक पकाएं। यदि ज़रूरी समझें तो थोड़ा सा पानी भी डाल दें। एक सर्विंग बाउल में कोफ़्ते डाल कर ऊपर से कढ़ी डाल दें और फिर परोसें।

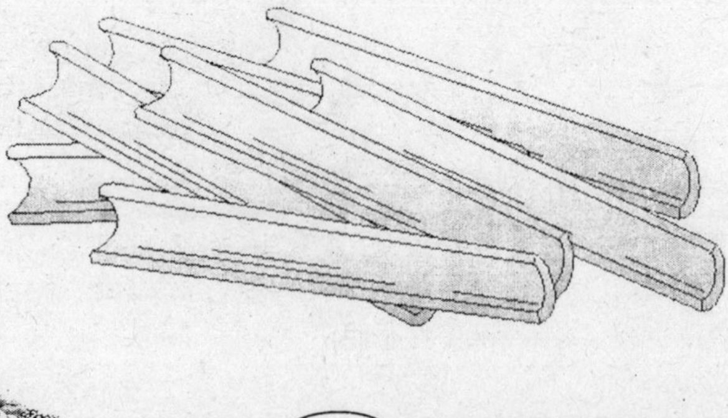

कुल्फ़ा का रायता

सामग्री

1 गड्डी कुल्फा लेकर धोएं और काट लें
½ चम्मच मिर्च का पाउडर
2 प्याला दही (मथा हुआ)
½ चम्मच नमक
½ चम्मच चाट मसाला

बनाने की विधि

थोड़ा सा पानी और नमक डालकर कुल्फा तब तक उबालें जब तक वह कोमल न हो जाए। अब कुल्फा का पानी निकाल दें और निचोड़ लें। अब इसमें बाकी सारी चीज़ें डालकर मिला दें और वाष्पित चावल के साथ परोसें।

काले चने की भाजी

सामग्री

200 ग्राम काला चना — इसे रातभर पानी में भिगोए रखें
2 प्याज बारीक कटे हुए
2 आलू, काटने के बाद तल लें
1 चम्मच चाट मसाला
½ चम्मच लाल मिर्च का पाउडर
½ चम्मच हल्दी का पाउडर
½ चम्मच गरम मसाला
2-3 हरी मिर्च कटी हुई
1 नींबू का रस-सजावट के लिए
1 बड़ा चम्मच तेल
नमक स्वादानुसार

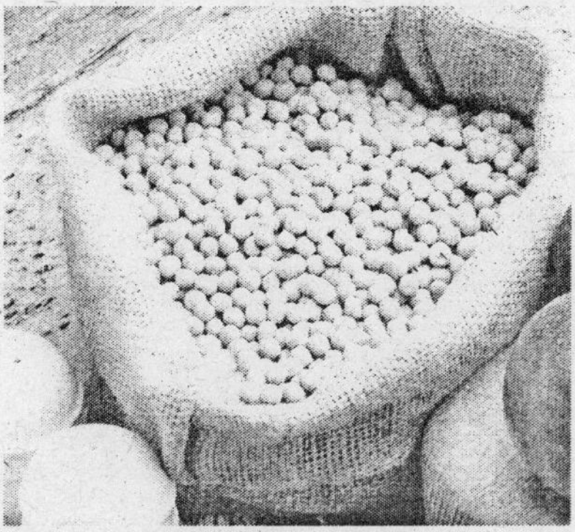

बनाने की विधि

एक कड़ाही में तेल गरम करके प्याज़ डाल दें और 2-3 मिनट तक हल्का भूनें। अब इसके बाद इसमें बाकी मसाले और तले हुए आलू डालकर 3-4 मिनट तक हल्का तलने के बाद आंच बन्द कर दें। जब चना और आलू नरम हो जाएँ तो इसके ऊपर धनिया छितरा कर डालें और फिर नींबू का रस भी डालें।

सरसों-बैंगन की सब्ज़ी

सामग्री

1 किलो छोटे साइज़ के बैंगन (हर एक बैंगन दो हिस्से में काटें)
2 बड़ा चम्मच सरसों के दाने
4-5 ताज़ा हरी मिर्च
½ चम्मच पिसी हुई हल्दी
½ चम्मच लाल मिर्च, पिसी हुई
½ चम्मच कलौंजी के बीज
नमक स्वादानुसार
गहरा तलने के लिए तेल

बनाने की विधि

सरसों के दाने और हरी मिर्च पीस कर बारिक पिष्टी तैयार कर लें और एक ओर अलग रख दें। इसके बाद बैंगन गहरे तल लें और अलग रख दें। एक कड़ाही में सरसों का तेल डालकर गरम करें और इसमें कलौंजी के बीज डालकर थोड़ा सा फुला लें। इसके बाद इसमें सरसो और हरी मिर्च की पिष्टी के साथ मसाले भी डाल दें और लगभग ½ मिनट तक हल्का तलें। थोड़ा सा पानी (लगभग ¼ प्याला) डालने के बाद बैंगन तले हुए और नमक भी डाल दें और ढक्कन से ढक देने के बाद 5 मिनट तक, या जब तक पानी खुश्क न हो जाए, पकाएं। पकने के बाद सब्जी को आंच से उतार लें और परोसें।

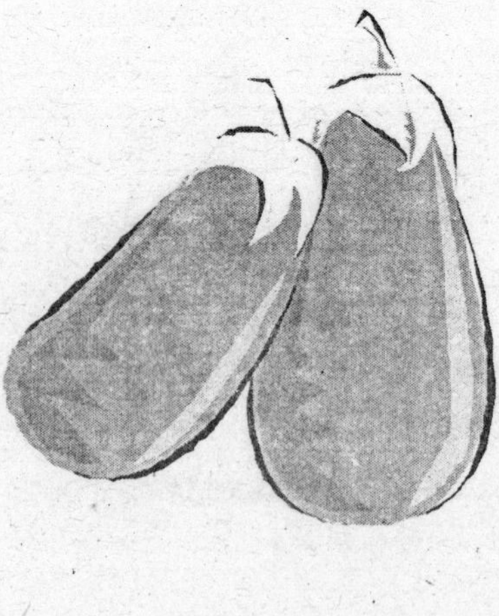

हरा छोलिया और आलू की सब्जी

सामग्री

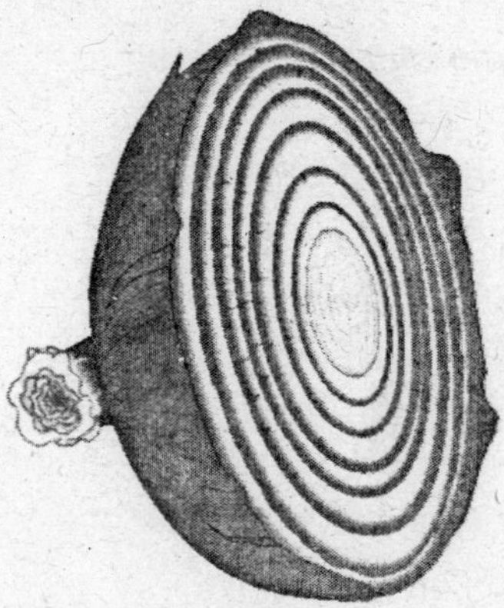

200 ग्राम छोलिया
2 आलू, काटने के बाद तले हुए
1 प्याज़ बारीक कटा हुआ
1 हरी मिर्च बारीक कटी हुई
½ चम्मच हल्दी का पाउडर
½ चम्मच गरम मसाला
नमक स्वादानुसार
2 बारीक कटे हुए टमाटर
2 बड़ा चम्मच तेल

बनाने की विधि

एक कड़ाही में तेल गरम करके उसमें प्याज डालकर सुनहरी रंग का होने तक हल्का तलें। तलने के बाद इसमें छोलिया डालकर 2-3 मिनट तक हल्का भूनें। इसके बाद बर्तन से ढक्कन से ढक दें और फिर कुछ मिनट तक धीमा-धीमा पकने दें। इसके बाद इसपर से ढक्कन को हटा कर मसाले, टमाटर और तले हुए आलू और नमक डाल कर फिर ढक दें और दुबारा 5-10 मिनट तक धीमी आंच पर पकाएं। तैयार हो जाने के बाद इस पर ताज़ा कटा हुआ धनिया बुरक कर करीने से सजाएं और परोसें।

न्यूटरी-नगेट और मटर

सामग्री

100 ग्राम दानेदार न्यूटरी-नगेट
50 ग्राम मटर
2 बारीक कटे हुए प्याज़
1 चम्मच लहसुन और अदरक की पिष्टी
2 बारीक कटे हुए टमाटर
नमक स्वादानुसार
½ चम्मच पिसी हल्दी
½ चम्मच पिसा धनिया
1 चम्मच गरम मसाला
1 चम्मच मथा हुआ दही
1 बड़ा चम्मच तेल

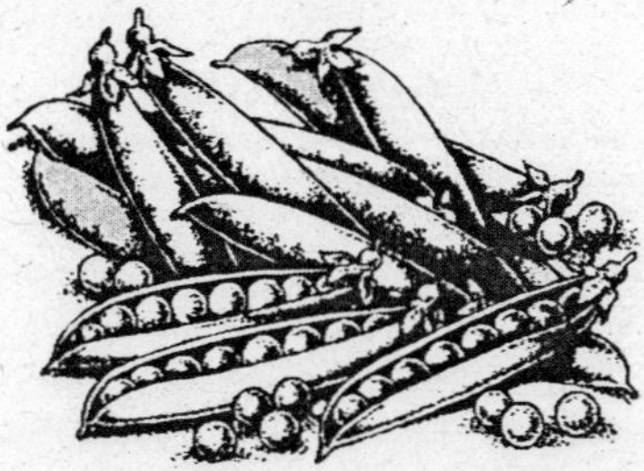

बनाने की विधि

गरम पानी में न्यूटरी-नगेट ½ घंटे तक भिगोएं और बाद में इनका पानी निचोड़ कर अलग रख दें। एक कुकर में तेल गरम करके अदरक और लहसुन की पिष्टी डालकर हल्का तल लें। फिर इसी में प्याज़ डाल दें और सूखने तथा सुनहरा रंग का भुन जाने के लिए 3-4 मिनट तक हल्का तलें। अब इसमें टमाटर और मसाले डालकर 3-4 मिनट तक फिर तलें। इसमें न्यूटरी-नगेट, मटर और ¼ प्याला पानी डालकर एक सीटी बजने तक पकाएं। पकने के बाद इस पर कटा हुआ हरा धनिया डाल दें।

न्यटूरी नगेट से भरी शिमला मिर्च
(Capsicum Stuffed with Nutri Nugget)

सामग्री

4 शिमला मिर्च

भरने के लिए सामग्री

1 प्याला पहले धोकर पकाए हुए चावल। चावलों को पकने के बाद ठंडा होने दें

50 ग्राम न्यूटरी-नगेट

3 टमाटर

1 चुटकीभर चीनी

4 पत्तेदार हरे प्याज़

1 चम्मच चाट मसाला

½ चम्मच पिसी हुई लाल मिर्च

½ चम्मच धनिया का पाउडर

1 चम्मच गरम मसाला

नमक स्वादानुसार

बनाने की विधि

गरम पानी में न्यूटरी आधा घंटा तक भिगोएं और फिर उससे पानी निचोड़ कर अलग रख दें। कड़ाही में घी गरम करके उसमें हरा प्याज डालकर कुछ क्षण तक हल्का भूनें। इसमें अब टमाटर डालें और ½ मिनट तक फिर हल्का भूनें। अब इस मिश्रण में न्यूटरी, चावल और अन्य सारी सामग्री डाल दें और 2-3 मिनट तक, या जब तक पक न जाए, पकाएं। अब शिमला मिर्च का सिरा काट कर उसमें से बीज निकाल दें। शिमला मिर्च में तैयार और भुना मसाला भर दें। शिमला मिर्च पर थोड़ा सा तेल चुपड़ दें। 180°-200° से० पर पहले से तपे तंदूर (ओवन) में ½ घंटा, या जब तक सब्ज़ी नरम नहीं हो जाये, भूनें परंतु मिर्च थोड़ी सी कड़ी रहनी चाहिए। इसे गरम ही परोसें।

नवरतन कोफ़्ता (Navratna Kofta)

सामग्री

½ किलो मिली-जुली सब्ज़ी (जैसे फूल गोभी, आलू, हरी मटर, शिमला मिर्च, गाजर, मशरूम, मक्का नरम, बॉटल गाउर्ड)
¼ प्याला कटा हुआ अनानास
1 बड़ा चम्मच तेल
1 चम्मच गरम मसाला
2 लाल मिर्च, कटी हुई
1 तेज पत्ता
2 बड़ा चम्मच क्रीम/ मलाई
¼ प्याला काजू की पिष्टी
नमक स्वादानुसार

बनाने की विधि

एक कड़ाही में तेल गरम करके उसमें सारी कटी हुई सब्ज़ियां डाल दें और 2-3 मिनट तक हल्का तलें। इसके बाद आंच धीमी करके बर्तन को ढक दें और 4-5 मिनट तक पकाएं। इसके बाद इसमें गरम मसाला, अनानास, काजू की पिष्टी डालकर 3-4 मिनट तक अच्छी तरह मिलाएँ। अब इस पर नमक डालें और फिर ढक्कन से ढक दें और कम आंच पर तब तक पकाएं जब तक कि सभी चीज़ें आपस में मिल न जाएं। पकने के बाद इस पर, परोसने से पहले, क्रीम डाल दें और अंत में गरम मसाला और हरा धनिया बुरक दें।

नवरत्न कोरमा

बड़ा

वड़ा

सामग्री

100 ग्राम उड़द की दाल
4-5 हरी मिर्च
नमक स्वादानुसार
2 बारीक कटे हुए प्याज़
1 बड़ा चम्मच बारीक कटा अदरक
तेल तलने के लिए

बनाने की विधि

उड़द की दाल दो घंटे तक पानी में भिगोए रखें। प्याज़, हरी मिर्च और अदरक को काट लें। इन सब पदार्थों को एक मिक्सर में डालकर नरम और ज़रा सी कड़ी पिष्टी तैयार कर लें। सामान आकार के गोल बड़े बनाएं और बीच में उंगली से छेद कर दें। इन बड़ों को सुनहरा भूरा होने तक तलें। सांबर और नारियल की चटनी के साथ परोसें।

शाही कबाब

सामग्री

1 प्याला साबत मसूर की दाल
1 बड़ा चम्मच लहसुन-अदरक की पिष्टी
2 बासी पावरोटी के टुकड़े
2 बारीक कटे प्याज़
¼ चम्मच भुना हुआ ज़ीरा
¼ चम्मच लाल मिर्च का पाउडर
¼ चम्मच अमचूर
2 बड़ा चम्मच कटा हुआ हरा धनिया
नमक स्वादानुसार

बनाने की विधि

दाल में थोड़ा सा पानी डालकर तब तक पकाएं जब तक कि नरम न हो जाए। इसके बाद दाल का पानी निकाल दें और तब बाकी सारे पदार्थ इसमें डालकर भली प्रकार मथें। अब इस मिश्रण के गोले बनाएं और हथेलियों से चौड़ा कर लें और टिक्कियां बनाकर तब तक गहरा भूनें जब तक सुनहरा भूरा रंग न हो जाए।

राजमा

सामग्री

300 ग्राम राजमा (पूरी रात भिगोकर रखें)
4 मथे हुए प्याज़
3 टमाटर
1 चम्मच बारीक कटा अदरक
1 चम्मच पिसा लहसुन
2 चम्मच धनिया का पाउडर
1 चम्मच लाल मिर्च, पिसी हुई
1 चम्मच गरम मसाला
नमक स्वादानुसार
3 बड़ा चम्मच घी
2-3 हरी-मिर्च (बीच में कटी हुई और बीजरहित)

बनाने की विधि

½ लिटर पानी में नमक और राजमा डालकर उबालें और नरम होने तक प्रेशर कुकर में ही रखें।

एक कड़ाही में एक बड़ा चम्मच घी डाल कर गरम करे और इसमें अदरक और लहसुन डालकर कुछ क्षण तक हल्का तलें। इसमें फिर प्याज डालें और 4-5 मिनट तक और सुनहरा रंग होने तक हल्का तलें। अब इसमें टमाटर डालकर 5-6 मिनट तक, या जब तक गाढ़ा रस तैयार न हो जाए, पकाएं। इसके बाद इस रस में राजमा डालकर 10-20 मिनट तक, या जब तक रस गाढ़ा न हो जाए, पकाएं। इसके बाद डोंगे में डाल कर हरी मिर्च डाल कर ऊपर से 1 बड़ा चम्मच घी उडेल दें और तब परोसें।

राजमा और शिमला मिर्च

भुने हुए मटर व पनीर

राजमा और शलगम

सामग्री

300 ग्राम राजमा (रात भर पानी में भिगो कर रखें)

250 ग्राम शलगम – प्रत्येक शलगम को छीलें और चार चार टुकड़ों में काटें।

2 कटे हुए टमाटर

4 प्याज़, मथे हुए

1 चम्मच कटा हुआ अदरक

1 चम्मच पिसा हुआ धनिया पाउडर

½ हल्दी पाउडर

1 चम्मच लाल मिर्च का पाउडर

1 चम्मच गरम मसाला

नमक स्वादानुसार

3 बड़ा चम्मच घी

2-3 ताजा हरी मिर्च-बीज निकालकर इन्हें काट लें

बनाने की विधि

जों पहले राजमां बनाने की विधि बताई गई है उसी का अनुसरण करें। इसके बाद इसमें टमाटर और प्याज़ का जो रस बना है उसमें शलगम डालकर राजमा में डाल दें और फिर 2-3 सीटी बजने तक प्रैशर कुकर में पकाए। पकने के बाद आंच से उतार कर ऊपर से घी उडेल दें।

सूखी उड़द

सामग्री

200 ग्राम उड़द की दाल – इसे 15 मिनट तक पानी में भिगोए रखें।
2 बारीक कटे हुए प्याज़
3-4 हरी मिर्च बारीक कटी हुई
2 बड़ा चम्मच बारीक कटा हरा धनिया
½ चम्मच लाल मिर्च, पिसी हुई
½ चम्मच चाट मसाला
नमक स्वादानुसार
1 नींबू का रस
नमक स्वादानुसार

बनाने की विधि

दो प्याला पानी डालकर उड़द की दाल उबालें परंतु इसे नरम न होने दें। इसके बाद दाल का सारा पानी सूखने दें। अब दाल नरम होनी चाहिए। दाल चिपचिपी नहीं बल्कि वैसी हो जैसी कि सलाद में डाली जाती है अर्थात 'खड़ी दाल'। अब रात को ठंड़ा होने दें और तब बाकी बचे सभी पदार्थ इस दाल में डाल दें। इस पर अब हरा धनिया डालकर ऊपर से नींबू का रस भी डाल दें और तब परोसें।

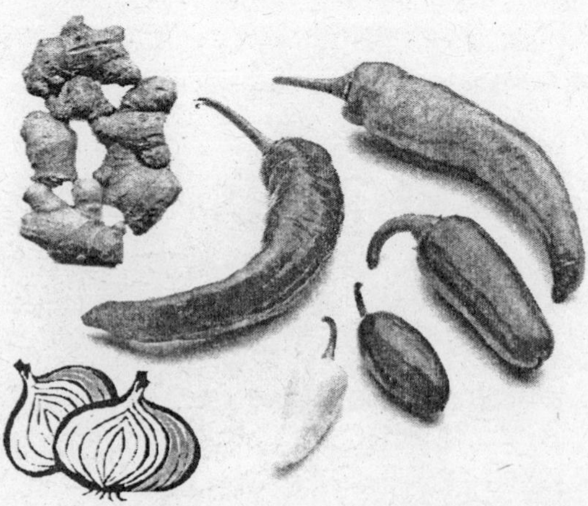

पनीर सीख कबाब

सामग्री

½ किलो घर का पनीर (लटकाया हुआ)
2 चम्मच मकई का आटा
¼ चम्मच गरम मसाला
¼ चम्मच अदरक की पिष्टी
4-5 बारीक कटी हुई हरी मिर्च
2 प्याज़, बारीक कद्दूकस किए हुए
½ चम्मच लाल मिर्च का पाउडर
1 चुटकीभर तन्दूरी रंग (खाने वाला)
2 बड़ा चम्मच हरा धनिया, बारीक कटा हुआ
नमक स्वादानुसार
1 बड़ा चम्मच मक्खन – चुपड़ने के लिए

बनाने की विधि

मकई के आटे को छोड़ कर सभी पदार्थ मिला लें और इनकी नरम लप्सी (घोल) तैयार कर लें। इसके बाद इस घोल में मकई का आटा भी मिला दें। इस मिश्रण से समान आकार के 12 गोल तैयार करें और प्रत्येक गोले को लोहे की सिलाई में पिरोएँ। हाथ पर तेल-पानी लगाकर इन गोलो को हथेली से इस प्रकार दबाएं कि 3" के आकार के कबाब बन जाएं। इन गोलों को सीख की सीध में ही दबाकर चपटा करें। ओवन को 180° से० पर पहले गरम करके या ग्रिल के नीचे 6-7 मिनट तक भूनें। बीच बीच में कबाब पर मक्खन चुपड़ते रहें। भुन जाने के बाद प्लेट पर प्याज के कटे हुए लच्छे बिछा कर उनके ऊपर कबाब के टुकड़े बिछा दें। अब इन पर नींबू का रस डालें और चाट मसाला के साथ खाएं।

कसूरी टिक्का

सामग्री

½ किलो घर का पनीर (इसे 1" x 1" टुकड़ों में काट लें)
1 चम्मच अमूल का मक्खन (पिघलाया हुआ)
मेरीनेट करने के लिए
½ प्याला कपड़े में लटकाया हुआ दही का मठा
1 चम्मच भुना हुआ जीरा का पाउडर
½ चम्मच गरम मसाला
½ प्याला कसूरी मेथी
½ चम्मच लाल मिर्च, पिसी हुई
1 चुटकीभर तंदूरी रंग (खाने वाला)
1 चम्मच चाट मसाला
नमक स्वादानुसार

बनाने की विधि

मेरीनेट करने के लिए जो चीजें बताई गई है उनकी लस्सी नरम घोल तैयार करें। इसे पनीर के टुकड़ों पर चढ़ा कर लिपटा दें और एक घंटा तक ऐसे ही रखा रहने दें।

तंदूर / ओवन को 180 सै० पर पहले से ही गरम करें। प्रत्येक पनीर के टुकड़े के बीच 5-5 सै. मी. का फ़ासला छोड़ते हुए हर टुकड़े को लोहे की सीख में पिरो दें और सुनहरी रंग का होने तक तंदूर में भूनें। बीच बीच में पनीर के टुकड़ों पर मक्खन लगाते रहें और भूरा रंग होने तक भूनते रहें। भुन जाने के बाद पनीर के टुकड़ों को सीख से निकालकर अलग रखें। इसके बाद प्लेट में परोस कर ऊपर से चाट मसाला बुरक कर नींबू का रस डाल दें।

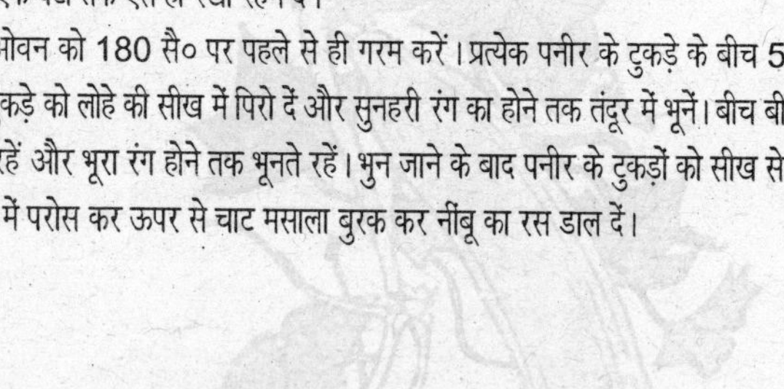

पारिभाषिक हिन्दी अंग्रेजी शब्दावली

हिन्दी	***अंग्रेजी***
अनारदाना	Dried Pomegrante Seeds
अमचूर	Dried Raw Mango Powder
अदरक	Fresh Ginger
बेसन	Chick Pea Flour
बड़ी इलायची	Black Cardamom
भुना जीरा	Cumin Seeds Roasted
चने की दाल	Yellow Split Peas, Skinned
धनिया पाउडर	Coriader Powder
धनिया साबत	Coriander Seeds
दाल	Pulses
इलायची हरी	Green Cardamom
गरम मसाला	Mixture of Condiments Powdered
घी	Clarified Butter
हींग	ASafoetida
हरी मिर्च	Green Chilli
इमली	Tamarind
ज़ीरा साबुत	Cumin seeds
ज़ीरा भुना	Roasted Cumin Seeds
ज़ीरा भुना पाउडर	Roasted Powdered Cumin
करी पत्ता	Curry Leaves
कलौंजी	Nigella Seeds
खसखस	Poppy Seeds
लौंग	Cloves
मेथी दाना	Fenugreek Seeds
मूंग दाल	Split Moong Beans
मूली	Radish
सरसों का बीज	Coconut
नारियल	Mustard Seeds

सौंठ	Dried Ginger Powder
सौंफ	Fennel
साबत लाल मिर्च	Dried Whole Red Chilli
तिल	Sesame Seeds
तेज पत्ता	Bay Leaf
उड़द दाल	White Dal Skinned
बंद गोभी	Cabbage
फूल गोभी	Cauliflower
सरसों का साग	Green mustard Vegetable
शलगम	Turnip
कटहल	Jackfruit
शिमला मिर्च	Capsicum
अजवायन	Caron Seedsi Bishop's weed
अरबी	Colocasia
दही का पनीर	Cottage cheese
सोया	Dill
सहजने की फली	Drum sticks
जिमीकन्द	Elephant's foot
बैंगन	Brinjal / Aubergine
चना	Bengal gram
बड़ी सेम	Sword
सेम	Hyacinth
पेठा	Ashgourd
चौलाई	Amaranth
गवार फली	Cluster
करेला	Bitter gourd
रामफल	Bullock's heart
मट्ठा/मठा	Butter-milk
गाजर	Carrots
मसाले	Condiments
दाख	Currants
किशमिश	Raisins
परवल	Gourd (Pointed)
शोरवा	Gravy

व्यक्तित्व विकास की श्रेष्ठ पुस्तकें
सब सम्भव है
स्वयं को और दूसरों को पहचानने की कला
सीखें जीवन जीने की कला
Art of Living
गौरव शाली जीवन कैसे जिएं
अच्छे लोगों के साथ बुरा क्यों होता है
जीवन में आनंद
आसमान को छू लो
Be an Achiever
विजयी भव
FOLLOW THE A TO Z
26 ACHIEVEMENT MANTRAS
AND ACHIEVE YOUR DESIRE
K G VARSHNEY
आओ जीवन में रंग भरे
जीवन में सफल कैसे हों
डब्बेवाले
पहचान आपकी
ज़िद करो और सफलता पाओ
अशोक इन्दु
जीत सको तो जीत लो
नारी
जो है सो क्यों
स्वाति लोढ़ा
महिलाएं बुलंदी की ओर
डायमंड बुक्स
X-30, ओखला इंडस्ट्रियल एरिया, फेज-II नई दिल्ली-110020 फोन : 011-40716600, 40712100
ई-मेल : sales@dpb.in Shop online at www.diamondbook.in सभी बुक स्टॉलों पर उपलब्ध